KEN WILBER

DER GLAUBENDE
MENSCH

Die Suche nach
Transzendenz

GOLDMANN VERLAG

Deutsche Erstveröffentlichung

Aus dem Amerikanischen übertragen von Hans-Ulrich Möhring
Titel der englischen Originalausgabe: »A Sociable God«
Erschienen bei: McGraw-Hill Book Company Inc., New York

Der Goldmann Verlag
ist ein Unternehmen der Verlagsgruppe Bertelsmann

Made in Germany · 7/88 · 1. Auflage
© 1983 by Ken Wilber
© der deutschsprachigen Ausgabe 1988
by Wilhelm Goldmann Verlag, München
Umschlaggestaltung: Design Team München
Satz: Uhl + Massopust GmbH, Aalen
Druck: Elsnerdruck, Berlin
Verlagsnummer: 14042
Redaktion: Erna Tom/Monika Paul
Lektorat: Michael Görden
Herstellung: Sebastian Strohmaier
ISBN: 3-442-14042-0

Inhalt

Vorwort

Unsere Religionen, unsere Götter und wir selbst sind vielleicht etwas anders, als wir gedacht haben. Das ist freilich nichts Neues. In der Tat läßt sich die Geschichte als ein Ausdruck ihrer fortschreitenden Evolution lesen, wie Ken Wilber in *Up from Eden* (deutsch: *Halbzeit der Evolution*) sehr schön gezeigt hat. Denn hinter einem breiten Spektrum an Verhaltensweisen ist die Religion die treibende Kraft gewesen; sie rief die höchsten Äußerungen der menschlichen Natur hervor und bot Entschuldigungen für die niedrigsten. Ganze Kulturen haben für ihren Glauben gelebt, getötet und sind dafür gestorben. Kein Wunder also, daß die Religion seit jeher eines der zentralen Interessengebiete von Psychologie, Soziologie und Anthropologie gewesen ist.

In der Geschichte des Abendlandes stand die Religion bei der Definition unserer Wirklichkeit meistens an erster Stelle, und wehe demjenigen, der andere Ansichten oder gar andere Methoden der Wahrheitsfindung vorschlug (z. B. Galilei). Aber wie zur Vergeltung dafür ist die neuere Geschichte mit der Religion keineswegs freundlich umgegangen; sie hat gegenüber Wissenschaft und Rationalismus als den hauptsächlichen Wirklichkeitsmachern ständig an Boden verloren. Ja, aus rationaler Perspektive erscheint die Religion häufig als ein Relikt vorwissenschaftlichen Denkens, ein bedauerliches Überbleibsel aus unaufgeklärten

Zeiten. Wenn Gott schon nicht tot ist, dann ist er wenigstens sterbenskrank und hält sich nur dank der unerwiderten Sehnsüchte der psychisch Unreifen am Leben.

In den letzten Jahren jedoch hat Gott ein dramatisches Comeback gefeiert, nicht nur in traditioneller Hinsicht, sondern in einer ganzen Reihe unterschiedlicher Formen, östlichen wie westlichen, exoterischen wie esoterischen, fundamentalistischen wie gnostischen. Das Christentum hat sowohl ein fundamentalistisches »Revival« als auch das Wiederaufleben kontemplativ-mystischer Ansätze erlebt. Zusätzlich hat es einen noch nie dagewesenen Zustrom nichtwestlicher Religionen und Disziplinen gegeben – Yoga, Zen, TM und wie sie alle heißen. Manche davon weichen so grundlegend von unseren traditionellen Glaubenslehren und Bräuchen ab, daß sie einige unserer wesentlichsten Annahmen über die Natur der Religion selbst in Frage stellen. Der Buddhismus zum Beispiel postuliert kein höchstes Wesen, keinen Gott, und dreht sich um ein rigoroses mentales Trainingsprogramm, das explizit auf kontrollierte psychische Prozesse und Bewußtseinszustände abzielt. Was die morbide Seite betrifft, so ist auch die religiöse Pathologie schier uferlos; Kulte, Jonestown und Mun-Anhänger (»Moonies«) sind zu festen Begriffen im Alltagsleben geworden.

Kein Wunder also, daß das Stadium der Religion in jeder ihrer Formen für die Psychologie ebenso wie für die Soziologie neue Bedeutung erlangt hat. Die Soziologen waren besonders rege darin, »die neuen Religionen« zu erforschen und zu versuchen, deren Aufkommen mit weiterreichenden sozialen Verhaltensmustern und möglichen Pathologien in Verbindung zu bringen. Sie haben deshalb einen gewissen Hang dazu entwickelt, die religiöse Motivation mit Mängeln auf der sozialen und Unreife auf der psychischen Ebene zu verknüpfen – und freilich oft zu Recht, da es reichlich

Belege dafür gibt, daß religiöse Unreife und Pathologie ihre psychischen Entsprechungen reflektieren.

Und doch bleibt die nagende Frage bestehen: Könnte uns vielleicht etwas fehlen? Hat es wirklich mit der Religion sonst gar nichts auf sich? Schließlich ist den großen Heiligen und Weisen wie Buddha, Christus, Lao-tse, Schankara, Aurobindo und anderen nachgesagt worden, sie verkörperten einige der höchsten Ebenen menschlicher Entwicklung und hätten allergrößten Einfluß auf die menschliche Geschichte gehabt. So jedenfalls meinten u. a. Toynbee, Tolstoj, Bergson, James, Schopenhauer, Nietzsche und Maslow. Wir könnten daher fragen: Taugen unsere leitenden soziologischen Annahmen, Theorien und Methodologien dazu, nicht nur Unreife und Pathologie auszumachen, sondern auch die Höhen menschlicher Erfahrung und Entwicklung, die nach der Behauptung gewisser großer Religionen durch Übung möglich und erreichbar sind?

Es ist das Ziel dieses Buches, zu zeigen, daß diese Höhen durchaus ausmachbar sind, und es entnimmt sein psychologisches Bezugssystem neueren Entwicklungen in der (mittlerweile unter diesem Namen geläufigen) transpersonalen Psychologie.

In den letzten zwei Jahrzehnten hat es in der psychologischen Forschung ein drastisch ansteigendes Interesse an solchen Gebieten wie der Natur des Bewußtseins und bewußtseinsverändernden Techniken, Selbstregulierung psychophysischer Prozesse und nichtwestlichen Psychologien gegeben. Der allgemeine Trend ging dahin, anzuerkennen, daß es Bewußtseinszustände, Ebenen psychischer Reife und Grade willkürlicher Kontrolle jenseits derjenigen gibt, welche nach früherem Dafürhalten das menschliche Potential definierten. Die humanistische Psychologie entstand zuerst aus einem Bestreben, die Aufmerksamkeit auf diese Gebiete zu lenken; die transpersonale Psychologie folgte, als sich sogar das humanistische Modell als untauglich erwies, das ganze Spektrum der erforschten Phänomene einzubeziehen. Der Begriff »transpersonal« wurde gewählt, weil man jene Erfahrungen und Zustände einbeziehen wollte, in denen das Bewußtseins- und Identitätsgefühl offenbar über Persönlichkeit und Ich im herkömmlichen Sinne hinaus (*trans*) ging.

Im Westen bezeichnete man diese im allgemeinen als Gipfelerfahrung und nahm anfangs an, daß sie nur selten und unwillkürlich aufträten. Jedoch fand man später heraus, daß gewisse östliche Psychologien und religiöse Disziplinen nicht nur detaillierte Beschreibungen solcher Zustände vorzuweisen hatten, sondern auch Anweisungen und Techniken dazu, wie jemand sie aus eigenem Willen erlangen konnte. Plötzlich wurde – sehr zur Überraschung westlicher Psychologen – deutlich, daß der esoterische Kern gewisser großer Religionen, östlicher wie westlicher, der einem zuvor unsinnig oder gar pathologisch erschienen war, sich im Sinne von Techniken zur willkürlichen Kontrolle psychischer Prozesse und des Bewußtseins verstehen ließ. Um nur ein konkretes Beispiel zu nehmen: Meditation konnte jetzt als eine Strategie zur Aufmerksamkeitsübung begriffen werden, statt als regressive und autistische Flucht vor der Welt, und dieser neuen Interpretation wird inzwischen erhebliche Unterstützung aus der empirischen Forschung zuteil.

Es stimmte also nicht, daß die großen Religionen zwangsläufig pathologisch waren; bevor wir solche Phänomene als wesensmäßig zustandsabhängig begriffen, war vielmehr unser westliches psychologisches Bezugssystem gar nicht ohne weiteres imstande, sie einzubeziehen.

Das soll freilich nicht heißen, daß alles Östliche oder Religiöse aus solchem Holz geschnitzt ist. Zweifellos ranken sich Entstellungen, Dogma, Pathologie, Mißverständnis und Mißbrauch um alle Religionen. Ja, der pragmatische Kern eines rigorosen mentalen Trainings ist oft unter exoterischen Ausschmückungen und Dogmen begraben oder als esoterischer Kern den wenigen vorbehalten, denen man es zutraut, seinen hohen Anforderungen gerecht zu werden. Aber wo sich dieser Kern mentalen Trainings findet, da zeigen sich oft erstaunliche Ähnlichkeiten zwischen anscheinend ganz verschiedenen Systemen, und er weist auf gemeinsame psychologische Prinzipien, Weltanschauungen und transzendentale Zustände hin: die sogenannte »transzendente Einheit der Religionen«, »ewige Philosophie« oder »ewige Psychologie«.

Die Bereicherung herkömmlicher psychologischer Modelle um eine transpersonale Dimension hat also die sinnvolle Neuinterpretation einer Hauptsphäre menschlichen Handelns ermöglicht. Der soziologischen Theorie jedoch fehlte es im allgemeinen an einer entsprechenden Dimension, wodurch sie mitunter in ihren Religionsforschungen zu einem allzu reduktionistischen Ansatz neigte. Dieses Buch hat deshalb das Ziel, die soziologische Theorie um eine transpersonale Dimension zu bereichern.

Niemand ist dafür qualifizierter als Ken Wilber, der anerkanntermaßen der herausragende Theoretiker der transpersonalen Psychologie ist. In seinen zahlreichen Büchern und Aufsätzen hat er eine Zusammenstellung der wichtigsten psychologischen und religiösen Systeme der Welt ohnegleichen geleistet. In *The Spectrum of Consciousness* vertrat er die Ansicht, daß sich der scheinbare Konflikt zwischen unterschiedlichen psychologischen und religiösen Systemen lösen ließe, wenn man sie aus ihrem Bezug auf unterschiedliche und zum Teil komplementäre Strukturen des Bewußtseins und Ebenen des Unbewußten heraus verstünde. In *The Atman Project* schlug er ein Modell für die Entwicklungspsychologie vor, das sich nicht nur über Kindheit und Jugend erstreckt, sondern auch über die verschiedenen Erleuchtungsebenen. In *Up from Eden* (deutsch: *Halbzeit der Evolution*) wandte er dieses Modell auf die menschliche Evolution im ganzen an.

Im vorliegenden Werk nimmt er nun dieses Modell und benutzt es als einen Entwicklungsrahmen, mit dem sich die verschiedenen Ebenen sozialer Interaktion einschätzen lassen. Dies stellt eine korrigierende Bereicherung heutiger Methoden der soziologischen Analyse wie etwa der phänomenologischen Hermeneutik dar, denen es an kritischen Kriterien für die hierarchische Einstufung fehlte. Auch wird dadurch die Falle vermieden, daß man eine Ebene sozialer Interaktion herausgreift und sie paradigmatisch für alle macht. Beispielsweise interpretierte Marx jegliches Verhalten aus der Sicht der Ökonomie und Freud aus der Sicht der Sexualität. Kunst, Philosophie, Religion und alle »höheren« Tätigkeiten wurden so zu Äußerungen ökonomischer Unterdrückung oder sexueller Verdrängung.

Diesem Entwicklungsrahmen fügt Wilber noch eine Analyse der verschiedenen epistemologischen Verfahrensweisen hinzu, der Formen, wie wir Wissen erwerben. Die Tatsache, daß man sich über die Sinne, den Verstand und die Kontemplation jeweils andere Sphären oder Kategorien der Erkenntnis erschließt, die nicht gänzlich äquivalent oder aufeinander reduzierbar sind, wird oft vergessen. Begrifflich-symbolische Erkenntnis kann nicht völlig auf die objektive sensorische Dimension noch die kontemplative auf die begriffliche reduziert werden, ohne zu dem zu führen, was man einen Kategoriefehler nennt. Die Methode zum Nachweis der Gültigkeit, die die jeder Sphäre eigene Erkenntnis besitzt, ist also spezifisch: die analytisch-empirische für objektive Daten, die Hermeneutik für die symbolische Kommunikation und das direkte gnostische Erfassen für die Kontemplation.

Nachdem er diese allgemeinen Schemata skizziert hat, wendet Wilber sie auf bestimmte, vor allem religiöse Fragen an, vor denen die Soziologie heute steht. Als erstes erfüllt er die überaus dringliche Aufgabe, unter den vielen und mannigfachen Arten zu differenzieren, in denen der Begriff Religion gebraucht worden ist, wobei er die Ansicht vertritt, daß ein Großteil der gegenwärtigen Konfusion von einem ungenauen oder gar wirren Sprachgebrauch herrührt.

Als nächstes wendet er sich der Evolution der Religion zu und interpretiert ihre Stellung und ihre heutigen Richtungen. Unser momentaner Fortschritt weg vom mythischen Glauben hin zu zunehmender Rationalisierung ist überall als Zeugnis für eine anti- oder postreligiöse Evolution interpretiert worden. Aber Wilber faßt diese ganze Bewegung neu, indem er bemerkt, daß ein Fortschritt dieser Art ein angemessener phasenspezifischer Übergang ist, da das Prärationale dem Rationalen *auf dem Weg zum Transrationalen* weicht. In dieser evolutionären Perspektive erscheint unsere gegenwärtige Phase nur dann als antireligiös, wenn die Religion, wie dies so oft geschieht, mit dem Prärationalen gleichgesetzt wird anstatt mit jeder der verschiedenen Ebenen in der Entwicklungshierarchie prärational-rational-transrational. Diese bemerkenswerte Perspektive ermöglicht auch eine Methode zur Bestimmung dessen, was Wilber die Authentizität einer Religion nennt: den Grad, in dem sie die Entwicklung auf die transrationalen Ebenen fördert. Sie unterscheidet er von der »Legitimität«, die er als den Grad definiert, in dem eine Religion den psychischen und sozialen Bedürfnissen einer Bevölkerung auf ihrem gegenwärtigen Entwicklungsniveau gerecht wird. Und dies alles führt zu einem Teil des Buches, der bisher noch Zukunftsmusik ist.

Die gegenwärtigen religiösen Gärungen und die neuen Religionen lassen sich genau im Lichte ihrer Reaktion auf die jetzige Entwicklungsphase zunehmender Rationalität untersuchen. Wilber ist der Ansicht, daß derzeit drei Haupttypen sozialer Reaktion zu verzeichnen sind: erstens der Versuch, sich an die inzwischen überholten mystischen Ebenen (z. B. »moralische Mehrheit«) festzuklammern; zweitens die bereitwillige Annahme des anhaltenden Prozesses rationaler Säkularisierung (wozu die liberale Intelligenz neigt); und drittens in einer Minderheit von Fällen der Versuch einer echten transrationalen Transformation, nicht indem man die Rationalität ablehnt, sondern indem man sie annimmt *und* durch intensive yogisch-gnostische Praxis darüber hinausgeht. Es ist diese letztere Gruppe, die nach Wilbers Ansicht wirksame Katalysatoren für eine evolutionäre Vorwärtsbewegung im größeren Maßstab hervorbringen könnte, wenn es tatsächlich zu einer solchen kommen sollte. Die Wichtigkeit solch einer weitverbreiteten Ausreifung und vollen Entwicklung der rationalen Stufe und dann darüber hinaus, kann nicht genug betont werden. Unsere Bereitwilligkeit und Fähigkeit, das gewaltige Ausmaß weltweiten Leidens aus abwendbaren Gründen wie Unterernährung, Armut, Überbevölkerung, soziogener Pathologie und Unterdrückung zu beheben und eine massive, wenn nicht gar totale Selbstvernichtung zu verhindern, kann davon abhängen. Die Wichtigkeit von Wilbers Beitrag eines überprüfbaren, kritischen, umfassenden soziologischen Modells, das als Leitlinie für Einschätzungen dieser evolutionären Übergänge zu dienen vermag, darf gleichfalls nicht unterschätzt werden.

Dies hätte ein sehr langatmiges Buch werden können. Die Anzahl neuartiger Ideen und vorgeschlagener Synthesen, die es auf seinen wenigen Seiten enthält, ist bemerkenswert. Der Autor hat sich dafür entschieden, uns einen heuristischen Rahmen vorzulegen anstatt eines detaillierten Textes. Dennoch könnte diese Skizze ausreichen, um Soziologen und Psychologen auf viele Jahre hinaus damit zu beschäftigen, sie zu erforschen und auszufüllen, denn in ihr ist ein Weg vorgezeichnet, der die Psychologie und Soziologie der Religion an eine neue Wasserscheide führen könnte.

Dr. Dr. Roger Walsh

Vorrede

Dieses Buch ist eine einführende Übersicht der Religions-psychologie und -soziologie mit besonderem Schwergewicht darauf, welchen Nutzen die moderne soziologische Theorie aus einem Dialog mit der ewigen Philosophie ziehen könnte – d. h. aus transzendentalen oder »transpersonalen« Perspektiven (daher der Untertitel). Nach Art der Gegenwarts-soziologie ausgedrückt, ist es eine Einführung in eine »nicht-reduktionistische« Soziologie der Religion (oder der Welt-anschauungen im allgemeinen), und es basiert auf verschie-denen Theoremen, die dem modernen Funktionalismus (z. B. Parsons), der Hermeneutik (z. B. Gadamer) und dem Entwicklungsstrukturalismus (z. B. Habermas) entnommen wurden, um sie allesamt behutsam in einen Kontext trans-zendentaler oder transpersonaler Möglichkeiten (z. B. Wil-liam James) zu stellen. Das Buch ist jedoch nicht »rein metaphysisch« oder »hoffnungslos idealistisch«, denn es enthält konkrete Methodologien und Strategien zur Hypo-thesenbildung und -überprüfung.

Freilich ist eine transzendentale oder transpersonale So-ziologie zum Teil ein neuartiger Ansatz; dennoch ist ihre Thematik von direkter und unmittelbarer Relevanz für eine ganze Anzahl von aktuellen sozialen, psychologischen und religiösen Bewegungen in Amerika, Kulte, den Zustrom mystischer Traditionen des Ostens, den Zusammenbruch der »Zivilreligion«, die Psychologie religiöser Erfahrung, Meditation, den Prozeß soziologischer »Legitimation« von Weltanschauungen, humanistische und transpersonale Psychologie, Moralentwicklung usw. – sie alle sind aufgrund des Umfangs der Thematik auf den folgenden Seiten mehr oder weniger ineinander verwoben. Das Buch könnte daher für Sozialwissenschaftler ebenso wie für gebildete Laien, die sich mit irgendeinem dieser Themen beschäftigen, von Interesse sein.

Ich habe daher versucht, die kürzestmögliche einführende Darstellung einer allgemeinen transzendentalen Soziologie zu geben. *Kurz* aus mehreren Gründen. Zum einen ist dies zum Teil – und soweit mir bekannt – der erste Versuch, die transzendentalen Aspekte des Gegenstandes zur Sprache zu bringen, und ersten Versuchen steht Kürze gut an. Zum anderen wollte ich, daß dieses Buch eine prägnante Darstellung der *Möglichkeiten* dieses Gebietes sei und keine ausufernde Abhandlung über seine notwendigen Inhalte. Das Buch selbst soll, ungeachtet seiner Wissenschaftlichkeit, dem an Psychologie, Soziologie und Religion interessierten gebildeten Laien zugänglich sein, und Kürze macht es nur um so zugänglicher. Wissenschaftlern dieser Fachgebiete erlaubt meine Darlegung nur des »Skeletts«, das Fleisch ihrer eigenen Ideen, Perspektiven und Erkenntnisse ohne weitere Einmischung meinerseits hinzuzugeben und so dank ihrer eigenen Zugaben zu einer Vielfalt von Produkten aus »Fleisch und Blut« zu gelangen (Koproduktionen sozusagen). Ich halte dieses Skelett für tragfähig genug und neu genug, daß sich in diesem ersten Abriß weitere Darlegungen erübrigen; damit würde man nur riskieren, ein neues und noch wackliges Thema zu überdeterminieren. Schließlich hatte ich das Gefühl, daß sich ein knapp gehaltenes Bändchen in College- oder Graduiertenkursen über eng verwandte Themen leichter als Zusatztext oder Lektüre außer der Reihe hinzuziehen ließe.

Aber da dies nun eine kurze·einführende Darlegung *ist*, habe ich meine Anregungen dann und wann in einer ziemlich dogmatischen und abschließenden Weise vortragen müssen. Ich möchte daher betonen, daß die folgenden Anregungen durchaus als Hypothesen dargeboten werden, als Hypothesen, die durch eine Reihe von experimentellen Methodologien potentiell überprüft – und potentiell widerlegt – werden können. Diese Methodologien werden im letzten Kapitel umrissen. Ich könnte auch sagen, daß dies eines jener leicht verqueren Themen ist, dessen einzelne Teile sich besser verstehen lassen, wenn man die Gesamtthematik erst einmal erfaßt hat, und daß daher dies eines jener Bücher ist, die bei nochmaligem Lesen gewinnen. Wenigstens könnte der Leser am Schluß kurz über die zuvor durchgegangenen Punkte nachdenken und schauen, ob sie nicht einen gewissen Gesamtsinn ergeben, der vielleicht beim ersten Lesen nicht gleich ins Auge fiel.

Das Wort »transpersonal« ist für manche Leser vielleicht neu. Fürs erste mag die Erklärung ausreichen, daß es u. a. eine anhaltende und experimentelle *Untersuchung* von spirituellen oder transzendentalen (transpersonalen) Fragen, solchen der »ewigen Philosophie«, beinhaltet. Und dies *nicht*, um alle sogenannten »religiösen Erfahrungen« unkritisch zu bestätigen, sondern um zu versuchen, legitime und reproduzierbare Anhaltspunkte herauszuarbeiten, anhand deren man zwischen der authentischen spirituellen Erfahrung, sofern es diese wirklich gibt, und rein psychotischen, halluzinatorischen, angeberisch-exhibitionistischen, paranoiden, wahnhaften oder sonstigen abnormen oder pathologischen Zuständen unterscheiden kann. Es handelt sich um eine *kritische* Disziplin.

Aber weil dieses Buch zum Teil einer der ersten Versuche ist, eine transpersonale oder kritisch-transzendentale Dimension in die Soziologie einzuführen, liegt gleichermaßen ein Segen wie ein Fluch darauf: ein Segen insofern, als man mit nur einem Fünkchen Intelligenz durch einfaches Definieren bahnbrechende Beobachtungen machen kann; ein Fluch insofern, als es keine Präzedenzfälle gibt, an denen man den wirklichen Wert dieser Beobachtungen messen könnte. Damit ist sogar zu dem in neuerer Zeit eingeführten Fach der transpersonalen Psychologie ein ziemlicher Unterschied gegeben, denn die transpersonale Psychologie geht – unter verschiedenen Namen – eigentlich zurück bis auf Platon, Augustinus und Plotin im Westen und Buddhaghosa, Patanjali und Asanga im Osten, und sie kann Männer wie Kant, Hegel, Bradley, Eckhart, C. G. Jung, William James, Jaspers u. a. zu ihren Mitstreitern zählen. Schließlich geht die Psychologie selbst als eigenständige Disziplin wenigstens bis auf Aristoteles' *De Anima* zurück, und die transpersonale Psychologie, einerlei unter welchem Namen, ist einfach der Zugang zur Psychologie in der Perspektive der *Philosophia perennis*, ein Zugang, der demnach so alt ist wie die ewige Philosophie selbst. Unter dem Titel »transpersonale Psychologie« ist sie in gewissem Sinne eine neue und moderne Disziplin, aber sie hat eine sehr alte und ehrwürdige Geschichte.

Die Soziologie dagegen gilt als die womöglich jüngste von allen Geisteswissenschaften. Bestimmte Gelehrte der Renaissance und der Aufklärung – Hobbes, Locke, Rousseau, Machiavelli, Montesquieu, Vico – waren so etwas wie Soziologen. Aber erst im neunzehnten Jahrhundert war es dann soweit, daß man endlich den Begriff der *Gesellschaft* von dem des *Staates* abhob, daß die Soziologie als eine eigenständige Disziplin entstand. Der Ausdruck »Soziologie« wurde erst 1838 von Auguste Comte geprägt, und ihre zwei großen »Gründer«, Émile Durkheim und Max Weber, schrieben ihre ersten bahnbrechenden Werke 1893 bzw.

1920. Ein paar Jahrzehnte liegt das erste zurück.

Genau hier ist der Haken: Die Soziologie, noch in den Kinderschuhen, erhob sich in einem intellektuellen Klima, das weitgehend von dem damals gängigen wissenschaftlichen Materialismus beherrscht wurde, und viele ihrer frühen Verfechter standen allzusehr unter dem Einfluß der mechanistischen Naturwissenschaft (z. B. Comte) oder materieller Interaktionen (z. B. Marx), mit dem Ergebnis, daß ihre Soziologien erklärtermaßen reduktionistisch sind. Selbst der feinfühlige Gelehrte Durkheim ist kürzlich – von Robert Bellah – als einer der zwei »großen Reduktionisten« in den Geisteswissenschaften bezeichnet worden (neben Freud als dem anderen). Als junge Wissenschaft, die sie ist, hat sich die Soziologie erst in jüngerer Zeit daran gemacht, diese reduktionistischen Tendenzen zu beseitigen, indem sie u. a. Modelle heranzog, die auf lebenden und nicht auf mechanischen Systemen basieren (z. B. der Parsonssche Funktionalismus), und die Phänomenologie und interpretierende Disziplinen einführte, also die Erforschung des *Sinns* von mentalen Akten *als* mentalen Akten, die man nicht einfach auf empirisch-objektive Behaviorismen reduzieren kann (Schütz, Berger u. a.).

Dies alles sind gute Neuigkeiten, und dies alles soll auf den folgenden Seiten angesprochen werden. Darüber hinaus jedoch hat sich die Soziologie noch immer nicht den Fragestellungen geöffnet, die in der ewigen Philosophie beschlossen liegen. Das liegt einerseits daran, daß die Soziologie tatsächlich noch in den Kinderschuhen steckt; sie hat nicht das Glück gehabt, daß sich ein Platon, ein Spinoza, ein Hegel, ein Leibniz ihrer annahm, die alle so etwas wie Vertreter der ewigen Philosophie waren. Andererseits ist eine moderne, *experimentelle* und systematische Untersuchung der wesentlichen Theoreme der *Philosophia perennis* erst in jüngster Zeit unternommen worden (zum Großteil von transpersonalen Psychologen), und davor war die Frage, wie man genuin transzendentale oder transpersonale Probleme in die Soziologie einfließen lassen könnte, wohl ohnehin nicht so naheliegend. Jedenfalls meine ich, daß die Zeit jetzt reif ist für einen solchen Ein-fluß.

Das soll heißen, daß die moderne Religionspsychologie der modernen Religionssoziologie durchaus etwas zu bieten hätte, und dieses Buch ist eine kurze Einführung in beide.

1
Der theoretische Hintergrund
für das Problem der Religion

Das Ziel dieses Buch ist es, einige Beiträge zu nennen, die die transpersonale Psychologie zur Wissenschaft der Soziologie und besonders der Religionssoziologie zu leisten imstande wäre, indem erstens die Grundelemente der transpersonalen Psychologie skizziert und diese zweitens in die Kategorien und Dimensionen moderner soziologischer Theorie übertragen werden. Im Anschluß daran sollen bestimmte Themen und Probleme – etwa die neuen Religionen, die kognitive Gültigkeit religiöser Erkenntnis, einige Definitionen der Religion selbst, Hermeneutik und Strukturalismus bei religiösen Universalien, die Methodologie der Religionsforschung usw. – zur Sprache gebracht werden. Allerdings, das sollte betont werden, muß sich diese Darstellung aufgrund der Umfänglichkeit des theoretischen Feldes, das es rasch zu durchmessen gilt, zwangsläufig auf einer sehr versuchsweisen, verallgemeinerten und informellen Ebene bewegen.

Die erste Aufgabe der Religionspsychologie und -soziologie gleichermaßen besteht darin, Theorien und Methodologien zu liefern, um den Zweck und vielleicht in zweiter Hinsicht die Gültigkeit des religiösen Engagements zu bestimmen und zu verstehen. Ich möchte daher ganz kurz die wesentlichen soziologischen (und orthodoxen psychologischen) Antworten auf dieses Problem vorstellen, um die

Gebiete hervorzuheben, zu denen die transpersonale Psychologie einmal einen Beitrag leisten könnte.

A. Primitivisierungstheorie

Einer der ersten und offenbar reflexhaften Ansätze ist die »Primitivisierung«, die die Relgion im allgemeinen als Produkt niedrigerer oder primitiver Stufen der menschlichen Entwicklung betrachtet. In der Soziologie z. B. faßt Comte in seinem berühmten »Dreistadiengesetz« die historische Evolution als Bewegung von Mythos-Religion zu Metaphysik zu rationaler Wissenschaft auf, in welchem Falle die Religion einfach als ein primitiver Trost für eine primitive Mentalität gesehen wird. Von modernen Entwicklungspsychologen übertragen, scheint diese phylogenetische Entwicklung viele Parallelen in der heutigen ontogenetischen Entwicklung zu haben: Das Kind steigt vom prototaktischen magischen Denken zum parataktischen mythischen Denken zur syntaktischen Rationalität auf.[87] Die Religion, so hat es wiederum den Anschein, entsteht aus Fixierungen oder Regressionen auf infantile Magie oder kindlichen Mythos, wobei letztere besonders durch ödipale Objektbeziehungen gekennzeichnet und daher anfällig sind für väterliche bzw. vor allem patriarchalische Introjektionen und spätere Projektionen als himmlischer Vater,[29] der einmal liebend, einmal rachgierig, einmal eifersüchtig, einmal verzeihend ist – alles, was Sie schon immer über Jehova wissen wollten. Von der Primitivisierungssoziologie zur rational-emotiven Theorie zur Psychoanalyse zur orthodoxen kognitiven Psychologie ist diese Formulierung »religiös = kindlich« pandemisch gewesen, wobei Freud selbst (*Die Zukunft einer Illusion*) hier an der Spitze steht.[31] Piaget selbst hat dem magischen, mythischen, »religionsartigen Denken der frü-

23

hen Kindheit ausführlich nachgeforscht und dokumentiert, wie ein solches Denken mehr und mehr zurücktritt, wenn formalere und rationalere Denkweisen auftauchen und sich entwickeln.[70]

Nun läßt sich diese bestimmte Entwicklungsreihe – von Magie zu Mythos zu Rationalität – nicht leugnen, wie wir bald noch im einzelnen sehen werden; problematisch ist ihre angebliche Tauglichkeit dazu, alle oder immerhin die meisten wesentlichen Konturen der Religion zu erklären. Um hier nur den schwächsten Einwand zu nennen: Selbst wenn jede Art von religiösem Engagement infantil-kindliche Kognitionen verriete, würde das bestenfalls seinen Ursprung, nicht aber seine Funktion oder seinen Zweck erklären – seinen *Sinn* für seine Befürworter und seine Funktion in der Gesellschaft als ganzer.

B. Funktionalismus

Es ist daher nicht ungewöhnlich, wenn ein feinfühliger Sozialforscher, der zuerst die Primitivisierung zur Erklärung heranzog, schließlich zu einer Art von funktionalistischem Ansatz fortschreitet (z. B. Parsons, Merton, Luhmann), um damit die Primitivisierung, wenn nicht ganz zu ersetzen, so doch wenistens zu ergänzen.[62,69] Im Funktionalismus oder der allgemeinen Systemtheorie werden Gruppen oder Gesellschaften als organische Systeme betrachtet, bei denen jeder ihrer »Teile« (Religion, Erziehung, Gebräuche usw.) eine potentiell nützliche oder notwendige Funktion irgendeiner Art erfüllt. Die religiöse Symbolik wird somit von den Heilfunktionen her analysiert, die sie auf solchen spezifischen Gebieten wie Aufrechterhaltung der Grundstrukturen (*pattern maintencance*), Spannungssenkung, Zielerreichung usw. für den gesamten sozialen Organismus hat. Nach dieser Auffassung ist die religiöse Symbolik in dem Maße *angemessen*, wie sie tatsächlich adäquat funktioniert (d. h. dem System dazu verhilft, sich selbst zu reproduzieren).

Im allgemeinen Funktionalismus werden die Funktionen und Bedeutungen von Gruppen- oder sozialen Aktivitäten oft in zwei Dimensionen unterteilt, die manifeste und die latente. Die manifeste Funktion hat einen anerkannten Wert – sie ist mehr oder weniger bewußt, explizit und erklärt. Die latente Funktion dagegen ist weder anerkannt noch bewußt beabsichtigt – sie ist mehr oder weniger implizit und unerklärt. Merton[62], der diese Unterscheidung in die Soziologie eingeführt hat (vgl. Freuds ähnliche Unterscheidung bei Träumen), nahm den Hopi-Regentanz als Beispiel. Die manifeste Funktion des Rituals ist es, Regen zu bringen. Jedoch solche Rituale erfüllen auch »die latente Funktion, die Gruppenidentität zu stärken, indem sie eine periodische Gelegenheit schaffen, zu der sich die verstreuten Mitglieder einer Gruppe versammeln, um eine gemeinsame Handlung zu vollziehen«. Der manifeste Sinn ist den Mitgliedern der Gruppe klar; der latente Sinn jedoch kann für gewöhnlich nur durch eine spezifische funktionale Analyse herausgefunden werden, d. h. durch den Versuch zu bestimmen, was die empirische und *objektive* Funktion einer bestimmten Beziehung tatsächlich ist und ungeachtet dessen leistet, was die Befürworter dazu sagen oder meinen (die manifeste und subjektive Erklärung).

Was also die Religion anbelangt, kann man die verschiedenen Riten, Symbole und Glaubenslehren unter dem Aspekt betrachten, daß sie legitime Funktionen erfüllen. Denn selbst wenn die religiösen Symbole auf einer manifesten Ebene nicht objektiv »wahr« sind (wenn etwa der Regentanz gar keinen Regen bringt), erfüllen die Riten und Symbole auf einer latenten Ebene dennoch eine sehr notwendige, nützliche und in eben dem Maße »wahre« Funktion: Sie helfen die Gesamtintegrität und den Zusammenhalt der Gruppe bewahren und schützen (sie verhelfen dem System dazu, sich selbst zu reproduzieren). So können religiöse Symbole, ob nun »objektiv wahr« oder nicht, im selbstregulierenden Gesellschaftssystem dennoch einen legitimen Zweck erfüllen. Kurz, die Relgion erfüllt eine gewisse, womöglich verborgene Funktion und hat daher in einer bestimmten Gruppe oder Kultur einen gewissen, womöglich latenten Sinn.

Dies ist freilich gewissen Aspekten der pragmatischen Psychologie wie etwa der von William James vorgebrachten sehr ähnlich. Religiöse Symbole können dienliche Elemente im Funktionieren der Psyche sein, ungeachtet des »objektiven Wahrheitswertes« ihrer vermeintlichen Referenten. Für James könnte allein schon der *Glaube* an spirituelle Wirklichkeiten einen heilsamen Zweck erfüllen, der den Wahrheitsanspruch des Glaubens bestätigte, ja ausmachte.[51]

Dieser Ansatz ist gewiß verdienstvoll, und wir möchten gern einige seiner Aspekte in unserem Gesamtentwurf beibehalten (wie wir sogar einer gewissen begrenzten Primitivisierung einen Platz einräumen werden). Aber an und für sich ist der funktionalistische Ansatz erklärtermaßen reduktionistisch. Die Religion ist in Wirklichkeit gar kein Umgang mit irgend etwas wahrhaft Göttlichem, einem Geist oder Gott; sie hat eigentlich nicht viel mehr als die Funktion eines Sicherheitsventils. Ihr Referent ist kein wirklicher Gott; ihr *Referent* sind lediglich andere Symbole in einem Kreislauf sozialer Transaktionen. Mit anderen Worten, die Religion ist eigentlich gar nicht religiös; in ihr geht es nicht um den wahren Gott, sondern um verschiedene Gottessymbole, die ihrerseits nur aus rein menschlichen sozialen Wechselbeziehungen bestehen.

Wird dieser Ansatz ausschließlich gebraucht, dann negiert er kurzerhand die tatsächlichen Geltungsansprüche

26

der Befürworter selbst oder interpretiert sie zumindest um und übergeht oder reduziert so den zentralen, nämlich den subjektiven Teil der Phänomene, die er erklären soll. Es überrascht nicht, daß er gezwungen ist, den »wirklichen Sinn« der Religiosität ausschließlich in einer latenten Dimension anzusiedeln, wo er sich gegen die Einwände der Befürworter abschirmen kann. Damit soll nicht geleugnet werden, daß es in einem Glaubenssystem latente Dimensionen und Funktionen *gibt*, denn es gibt sie; es soll der pandemischen Redukion der manifest-subjektiven Intentionalität auf eine latent-empirische Funktion widersprochen werden.

So besaßen für den Funktionalismus Lao-tse, Buddha, Krishna und Christus im Grunde gar keine Eingebung eines transzendenten Seinsgrundes, was *sie* jedenfalls von sich behaupteten (ihre manifeste Intention). Der Funktionalist kann keinen objektiven Beleg, keinen empirischen Referenten für diesen »transzendentalen Grund« finden, und daher erfüllte das, was diese Weisen *wirklich* taten, irgendeine rein latente Funktion, von der sie nichts wußten. Der transzendentale Grund *als* transzendentaler Grund wird überhaupt nie ins Auge gefaßt, entgegen allem, was die Weisen selbst tatsächlich zu dem Thema zu sagen hatten.

Aber es gibt auch orthodoxe Einwände gegen die ausschließlich funktionalistische Systemtheorie. An erster Stelle steht dagegen die offensichtliche Tatsache, daß Zustände und Werte menschlichen Strebens sich nicht durch empirisch-analytische oder rein objektive Methoden bestimmen lassen.[32] Denn anders als die rein biologischen Systeme, die die Grundlage des funktionalistischen Modells bilden, besitzen menschliche Interaktionen auch bewußte Bedeutungen, Werte, Ziele und Zwecke, und diese Beziehungen sind weniger objektiv als vielmehr intersubjektiv. Folglich werden sie nicht so sehr durch objektive Messung und Analyse aufgedeckt, als vielmehr durch intersubjektive Kommunikation und Interpretation, und diese intersubjektiven Interpretationen schlüpfen durch das System, ohne völlig empirisch-objektive Spuren zu hinterlassen.[38] Beispielsweise wird man nicht ohne weiteres einen empirisch-wissenschaftlichen Test erfinden können, der die Bedeutung des *Hamlet* aufdeckt. *Hamlet* ist eine mentale und symbolische Produktion, deren Bedeutungen und Werte sich nur in einer Gemeinschaft intersubjektiver Interpreten entdecken lassen. In seinem Bestreben, empirisch und objektiv zu sein, entgeht dem Funktionalismus ganz einfach das Wesen dieser intersubjektiven Bedeutungen und Werte. Wenn man andererseits versucht, diesen Mangel zu überwinden, indem man die zum Ziel erhobenen Werte und Zustände einfach zur Bedingung macht, so daß diese nunmehr für die Analyse des Systems maßgebend sind, dann läuft das auf einen normativen und interpretativen anstatt auf einen empirischen Ansatz hinaus, wie der Funktionalismus einer zu sein beansprucht. Versucht man, diese normativ-interpretativen Dimensionen zu begründen, indem man sie wieder in die empirischen Funktionen des Systems einspeist (z. B. Luhmann), dann reduziert man sie damit wiederum auf diese letzteren.

C. Phänomenologische Hermeneutik

Da nun Theoretiker und Forscher diesen Reduktionismus (in seiner psychologischen oder seiner soziologischen Form) in Frage zu stellen beginnen, ist es nicht ungewöhnlich, daß sie von ausschließlich funktionalistischen Analysen zu einer der phänomenologischen Hermeneutik ähnlichen Aussage fortschreiten: In wenigstens einer durchaus gültigen Perspektive *ist das religiöse Symbol genau das, was es zu sein vorgibt.* Es ist nicht nur eine manifeste Funktion, die die wirkliche latente Funktion verbirgt, oder bloß ein Sicherheitsventil oder einfach ein Mechanismus zur Spannungssenkung oder für sozialen Zusammenhalt – es ist im wesentlichen das, was es zu sein vorgibt. Wenn die Aussage eines Buddha oder Krishna, er stünde in Kontakt mit einem fundamentalen Seinsgrund, deutlich und legitim ist, dann ist sie unser alleiniger Ausgangspunkt. Und wenn ich diese Aussage *verstehen* will, wenn ich überhaupt die Symbole und Bedeutungen eines anderen Menschen verstehen will, dann geschieht das am besten durch eine Art von *empathischer Interpretation* (wie wenn ich gern den *Hamlet* oder irgendeine andere symbolische Kommunikation verstünde). Ich muß die *innere* Welt oder den Sinn von Krishna oder Hamlet oder Hiob oder wem sonst durch die *Interpretation* in *meinem* Bewußtsein *reproduzieren*, um dort eben ihre wesentliche Botschaft zu erfassen.[32, 49, 67, 68]

Die Wissenschaft solchen Interpretierens wird im allgemeinen »Hermeneutik« genannt, von griechisch *hermeneuein*, übersetzen oder auslegen, und von Hermes, dem Gott der Wissenschaft, des Handels und der Beredsamkeit. Die Hermeneutik hat ihre modernen Wurzeln in der allgemeinen Phänomenologie, dem Versuch, Natur und Bedeutung von mentalen Akten *als* mentalen Akten aufzudecken und nicht bloß in ihrer Reduktion auf verschiedenartige objektive, sensorische und empirische Leistungen. Denn ein rein sensorisch-empirisches Objekt – etwa ein Stein – verweist oder bezieht sich notwendigerweise nicht auf etwas anderes als sich selbst. Aber es liegt in der Natur eines *mentalen* Ereignisses – eines Begriffs oder Symbols –, daß es auf andere Gegenstände oder Ereignisse verweist oder *referiert*, einschließlich *anderer* Symbole, die ihrerseits auf wieder andere Symbole referieren können und so weiter, sozusagen in einem *intersubjektiven* Zirkel symbolischer Bedeutungen und Werte. Kurz, ein mentaler Akt *als* mentaler Akt ist das, was Husserl *intentional* nannte: Er hat *Sinn* oder *Wert*, weil er sich auf andere Sachverhalte bezieht oder diese umfaßt, einschließlich anderer Bedeutungen und Symbole und Werte. Die Phänomenologie ist ein Versuch, diese Sphäre intersubjektiver *intelligibilia* zu untersuchen, nicht nur die Sphäre objektiver *sensibilia*. Und die Hermeneutik ist ganz einfach der Zweig der Phänomenologie, dem es besonders darum geht, die Bedeutungen dieser intersubjektiven oder intentionalen Symbole zu interpretieren.

Wenn ich demnach den Sinn eines bestimmten religiösen Systems verstehen will, darf ich dabei nicht rein empirisch, objektiv und reduktionistisch verfahren. Ich muß zuerst das System empathisch verstehen, indem ich seinen intersubjektiven und interpretativen Zirkel (den »hermeneutischen Zirkel«) reproduziere bzw. mich in ihn einlasse. Es gibt Differenzen zwischen den Schulen über die Frage, ob die Interpretation empathisch oder (sofern tunlich) tatsächlich selbst am System beteiligt sein sollte, aber irgendeine Form von *innerem Verständnis* und *interpretativem Engagement* wird für absolut fundamental erachtet. Der *Sinn* einer religiösen Äußerung liegt nicht allein oder auch nur vornehmlich etwa in ihrer latenten Spannungsbewältigung, sondern vielmehr in ihrer manifesten Intentionalität und ihrer intersubjektiven Anerkennung. Und diesen intersubjektiven Sinn bestimmt man – als »äußerer Beobachter« – dadurch, daß man sich (nicht unbedingt leibhaftig) in den hermeneutischen Zirkel selbst einläßt, der durch den intersubjektiven Austausch linguistischer Symbole gebildet wird, einen Austausch, der immer in einem bestimmten *historischen* Kontext stattfindet. Daher der gebräuchliche Titel: historische Hermeneutik. Wenn ich z. B. die religiöse Bedeutung des Wortes »Sünde« verstehen will, muß ich den *historischen* Kontext des Symbols selbst berücksichtigen, denn was der einen Epoche »Sünde« ist, muß einer anderen nicht unbedingt »Sünde« sein (was ist etwa aus Völlerei und Faulheit geworden, die einst »Todsünden« waren?). Wird »Sünde« rein objektiv definiert, so werden damit ihre historischen Referenten unterschlagen, was zu schlechten Interpretationen, schlechter Hermeneutik, ethnozentrischen Vorurteilen usw. führt.[33, 34]

Dieser allgemeine phänomenologisch-hermeneutische Ansatz hat einen gewaltigen Einfluß auf die Religionspsychologie gehabt – James' *Varieties* ist eine Art Vorläufer – wie auch auf die Religionssoziologie – auf Ricoeur z. B. oder Robert Bellah mit seinem »symbolischen Realismus«, eine Art von hermeneutischem Durkheim, wenn ich so sagen darf. Desgleichen habe ich beobachtet, wie viele Psychologenkollegen von einer anfänglichen Faszination für Systemtheorie und Psychokybernetik (wo Informationsbits durch unpersönliche Neuronen zischen) zu einem umfassenderen System fortgeschritten sind, das auch das Bestreben einschließt, den *Sinn* dieser Information von einem Selbst her zu erfassen, das geschichtsbildend ist und geschichtlich gebildet wird. Das Selbst als Geschichte, hoffnungslos verflochten mit anderen Selbsten als Geschichte, konstituiert nicht bloß Information, sondern *eine Geschichte*, einen *Text* mit Anfang, Mitte und Ende, mit Höhen und Tiefen und Ergebnissen, und der Sinn eines Textes wird erfaßt durch gutes Interpretieren: Hermeneutik.

Es spricht ganz offensichtlich viel für die phänomenologische Hermeneutik, und wir werden im Fortgang des Buches von vielen ihrer Theoreme reichlich Gebrauch machen. Aber an und für sich genommen, scheint die Hermeneutik letztlich einer Reihe von unglücklichen Beschränkungen zu unterliegen. An erster Stelle wäre da die Radikalisierung der situationsgebundenen Wahrheit zu nennen und das daraus folgende Fehlen einer universellen oder auch nur quasi-universellen kritischen Dimension, einer Methode, um die tatsächliche Gültigkeit eines religiösen Wahrheitsanspruchs zu beurteilen und nicht bloß seine interpretative Verzahnung. Krisna mag vielleicht transzendent gewesen sein, aber hat der Hopi wirklich Regen gemacht? Wie sollen wir die authentische Betätigung von den nicht so ganz authentischen unterscheiden? Die Hermeneutik leugnet selbstverständlich, daß es eine solche kritische oder universelle Dimension gibt und relativiert dadurch alle kulturellen Wahrheiten mit der recht unlogischen Ausnahme ihrer eigenen Behauptung, daß man immer (d. h. universell) so zu verfahren habe.

Für die Hermeneutik müssen alle religiösen Äußerungen, ja symbolische Produktionen überhaupt, von innen her verstanden werden – *verstehende**Soziologie im höchsten Grade. Dem, der sich *im* hermeneutischen Zirkel befindet, gilt die konsensuelle interpretative Übereinstimmung als Begründung; dem, der sich außerhalb des Kreises befindet, wird kein Urteil zugestanden. In keinem der beiden Fälle kann der Zirkel selbst als falsch oder als teilweise falsch erwiesen werden oder auch nur als *teilweise* bzw. einseitig. Eine solche theoretische Verabsolutierung kultureller Relativität verwandelt sich am konkreten Stoff oft in Verzweiflung,[3] eine Verzweiflung, die in manchen Fällen offenbar nicht von einer falschen methodologischen Anwendung kommt, sondern von einem eingefleischteren Vorverständnis, welches besagt, daß *alle* religiösen Äußerungen »wahr« seien und doch eine gewisse kritische Wertung geboten sei.

Hermeneuten und symbolische Realisten werden natürlich entgegenhalten, daß diese Verzweiflung von einem methodologischen oder interpretativen Verfahrensfehler kommen müsse, weil es keinen *äußeren Maßstab* gebe, nach

* Im Original deutsch (Anm. d. Üb.).

dem religiöse Äußerungen irgendwie kritisch gewertet werden könnten, ohne daß man sich des Reduktionismus schuldig mache. So wird jedes Unterfangen, etwas anderes zu sagen als der bestimmte hermeneutische Zirkel selbst, a priori des Reduktionismus bezichtigt, weshalb die Hermeneutik unter dem Vorwand, »nichtreduktionistisch« zu sein, von sich aus oft allzu schnell in die läppische Aussage abgleitet: »*Alle* Religionen sind wahr«, ein Standpunkt, der jedwede dauerhafte kritische Wertung verhindert. Der Hermeneutik fehlt der Biß.

D. *Entwicklungsstrukturalismus*

Die ausschließliche Hermeneutik bestreitet nicht nur jene Wahrheiten der funktionalistischen Systemtheorie, die teilweise wahr *sind* – z. B. die Möglichkeit latenter Funktionen, die ein Text erfüllt, ohne von ihnen Kenntnis zu haben –, sie übersieht auch die Fortschritte, die in den modernen strukturalistischen Entwicklungswissenschaften gemacht worden sind, vor allem in den Arbeiten von Baldwin[8], Piaget[70], Werner[95], Kohlberg[54] und Loevinger[57]. Denn die zukunftsweisende Entdeckung dieser Disziplinen ist es, daß psychische Strukturen sich *hierarchisch* entwickeln. Sofern es nicht zu Stillstand, Regression oder Fixierung kommt, schließt jede Entwicklungsstufe die Grundelemente ihrer Vorstufen ein, umfaßt oder subsumiert sie, angereichert jedoch um bedeutsame Strukturen und Funktionen, die sich bei den Vorstufen nicht finden.[100] Die übergeordnete Ebene schließt die untergeordnete ein, aber *nicht umgekehrt*, und es ist dieses »nicht umgekehrt«, was eine ganz echte Hierarchie ausmacht und herstellt. Jede übergeordnete Stufe legt einen höheren Grad von Strukturierung, Differenzierung-Integration, Organisation, Funktionsfähigkeit und noch einem guten Dutzend weiterer Variablen an den Tag, mit denen man durch eine strikte Entwicklungslogik den Sinn des Wörtchens *höher* definieren kann. So sprechen Entwicklungspsychologen ganz unbefangen von *höheren Stufen* der Kognition (Piaget), der Ich-Entwicklung (Loevinger), interpersonaler Beziehungen (Selman), der Moralbildung (Kohlberg) und sogar der *Qualität*, wie der Psychoanalytiker Rapaport erläutert: »*Strukturen sind hierarchisch geordnet. Diese Voraussetzung ist bedeutsam, weil sie die Grundlage für die psychoanalytischen Thesen zur Differenzierung ist . . . und weil sie impliziert, daß die Qualität eines Prozesses von der Ebene der strukturellen Hierarchie abhängt, auf der er stattfindet.*«[76]

Wenn wir zunächst einmal akzeptieren, daß die Psychologie immer auch Sozialpsychologie ist, dann ist diese umfassende Hierarchisierung äußerst bedeutsam, weil sie uns offenbar – vielleicht zum erstenmal – ein Paradigma verschafft, um über den *komparativen Gültigkeitsgrad* verschiedener psychosozialer Produktionen (einschließlich religiöser Äußerungen) zu entscheiden. Ein ähnlicher Ansatz ist bereits von Habermas[41] vorgeschlagen worden, der neben anderen Schemata Kohlbergs Stufen-Strukturen der Moralbildung benutzen will, um das Entwicklungsniveau interaktiver Kompetenz zu beurteilen, die sich bei verschiedenen Individuen und durchaus auch Gesellschaften und historischen Epochen im ganzen nachweisen läßt.

Bevor wir uns dieses hierarchische Paradigma genauer anschauen, wollen wir festhalten, daß Habermas es explizit als Korrektiv zur historisch-hermeneutischen Untersuchung anerkennt. Habermas macht sich einige Kernpunkte der Hermeneutik zunutze, etwa ihre Betonung narrativer Geschichte und kommunikativer Kompetenz, aber er unterstreicht, daß der Hermeneutik als *narrativer Folie* die hierarchischen Realisationen einer Entwicklungslogik entgegengesetzt werden müssen. Das Bestehen von *Ebenen* narrativer Entwicklung verleiht jeder Erzählung *zwingend* einen Kompetenzstatus, der nicht allein durch empathische Interpretation der Erzählung selbst bestimmt und bestimmbar ist. Es gibt mit anderen Worten eine Art *äußeres Korrektiv* zum hermeneutischen Zirkel, und dieses äußere Korrektiv ist ein Schema der Entwicklungsebenen narrativer Kompetenz.

Schließlich halten wir fest, daß aufgrund der Hierarchie jede höhere Bewußtseinsstruktur potentiell imstande ist, die Einseitigkeit ihrer tiefer stehenden Vorstufen *legitim zu kritisieren,* nicht aber ihre phasenspezifische Angemessenheit, genau wie z. B. eine formal-operational denkende Person den schiefen Egozentrismus des präoperationalen Denkens kritisieren kann oder wie die moralische Einstellung der Stufe 5 den fehlenden Perspektivismus bei der Einstellung der Stufe 2 kritisieren wird. Mit anderen Worten, die strukturalistische Entwicklungstheorie scheint uns jede universelle oder quasi-universelle kritische Dimension bzw. jenes äußere Korrektiv zu verschaffen, das in rein hermeneutischen, phänomenologischen oder symbolisch-realistischen Ansätzen offenbar fehlt.

E. Unser Gesamtansatz

Mit allem oben Aufgeführten als Hintergrund können wir jetzt als wesentliches Anliegen dieses Buches festhalten, daß es nicht nur eine Hierarchie psychosozialer Entwicklung gibt, daß diese beiden als zwei Enden eines einzigen Spektrums genau zusammenstoßen, und daß uns schließlich die hierarchische Natur dieses Spektrums eine kritisch-normative Religionssoziologie erbringen wird, eine, die imstande ist, verschiedenartige religiöse Äußerungen *strukturell zu analysieren*, wodurch sie ihnen einen Platz in der Hierarchie zuweist, über ihren Authentizitätsgrad entscheidet und entsprechend verkündet, daß nach Maßgabe einer *kritischen soziologischen Gesamttheorie* diese oder jene religiöse Betätigung *höher* stehe als diese oder jene andere, *genau* wie wir jetzt z. B. sagen, eine moralische Reaktion der Stufe 6 stehe höher als eine der Stufe 4. Zusätzlich zu diesem Entwicklungsstrukturalismus werden wir auch notwendige, angemessene, aber genau eingegrenzte Rollen für funktionale Systemanalysen, hermeneutische Untersuchungen und sogar für eine Art von Primitivisierungstheorie finden, womit wir gewissermaßen versuchen, die Wahrheitsmomente in jedem der hier kurz besprochenen Ansätze zu verwerten.

Bevor wir mit einer solchen Konstruktion anfangen, benötigen wir etwas Hintergrundinformation, besonders aus dem Gebiet der transpersonalen Entwicklungspsychologie.

2
Die Hierarchie
struktureller Organisation

A. Die orthodoxe Grundlage

Hier eine vereinfachte, gestraffte und verschiedene Seiten vereinende Version der hierarchischen Ebenen struktureller Organisationen, wie sie von der orthodoxen Entwicklungspsychologie entdeckt wurden (ich habe einige ihrer östlichen Korrelate für spätere Verweise mit aufgeführt):

1. *Physische Ebene:* das einfache physische Substrat des Organismus (der erste und niedrigste buddhistische Skandha; das erste und niedrigste yogische Chakra; Annamayakosha im Vedanta).

2. *Sensorisch-perzeptorische Ebene:* die Felder der Empfindung (der zweite Skandha) und der Wahrnehmung (der dritte Skandha) als ein genereller Bereich behandelt; einfache sensomotorische Kognition (Piaget).

3. *Emotional-sexuelle Ebene:* die Hülle der Bioenergie, der Libido, des élan vital oder des Prana (der vierte Skandha im Buddhismus; der Pranamayakosha im Vedanta; zweites Chakra).*

4. *Magische Ebene:* der Anfang der mentalen Sphären; dazu gehören einfache Bilder, Symbole und die ersten

---

* Der Einfachheit halber werde ich diese drei niedrigsten Ebenen meist als »die« *archaische Ebene* bezeichnen.

rudimentären Begriffe bzw. die ersten und niedrigsten mentalen Produktionen, die in dem Sinne »magisch« sind, daß sie sich durch Verdichtung, Verschiebung, Verwechslung von Bild und Objekt, »Allmacht des Denkens«, Animismus usw. auszeichnen. Es besteht auch ein Mangel an Perspektivismus, d. h. eine Unfähigkeit, klar den Standpunkt des anderen einnehmen zu können. Dies ist Freuds Primärvorgang, Arietis paläologisches, Piagets präoperationales Denken (das dritte Chakra). Sie korreliert mit Kohlbergs präkonventioneller Moral, der impulsiven und der Selbstschutzphase Loevingers, mit Maslows Sicherheitsbedürfnissen usw.

5. *Mythische Ebene:* weiter fortgeschritten als die Magie, mit beginnendem konkret-operationalem Denken (Piaget) und beginnendem Perspektivismus (Rollenübernahme in der Gemeinschaft), aber noch unfähig zum einfachsten hypothetisch-deduktiven Schließen, folglich »mythisch« in ihrem Vorgehen (vgl. Gebser); der »niedrigere Verstand« im allgemeinen (das vierte Chakra, der Anfang von Manomayakosha im Vedanta und Manovijnana im Mahayana). Sie korreliert mit der konformistischen und der gewissensempfindlich-konformistischen Stufe Loevingers, mit Maslows Zugehörigkeitsbedürfnissen, Kohlbergs konventioneller Moral usw. Wegen der sie insgesamt auszeichnenden *Konformität* bezeichnen wir diese allgemeine Ebene oft als die »mythischer Zusammengehörigkeit«.

6. *Rationale Ebene:* Piagets formal-operationales Denken (das fünfte Chakra, die Kulmination von Manomayakosha und Manovijnana). Sie ist die erste Struktur, die nicht nur über die Welt, sondern auch über das Denken nachdenken kann; daher ist sie die erste Struktur, die eindeutig selbstreflexiv und introspektiv ist, und sie beweist eine fortgeschrittene Fähigkeit zum Perspektivismus. Sie ist auch die erste Struktur, die zu hypothetisch-deduktivem oder propositio-

nalem Schließen (»wenn a, dann b«) fähig ist, das ihr
erlaubt, höhere oder rein noetische *Beziehungen* zu erfassen. Sie korreliert mit der gewissensempfindlichen und der
individualistischen Stufe Loevingers, Kohlbergs postkonventioneller Moral, Maslows Selbstachtungsbedürfnissen
usw.

Abb. 1 zeigt diese allgemeinen Stufen-Strukturen und ihre
hierarchische Natur.

Abbildung 1

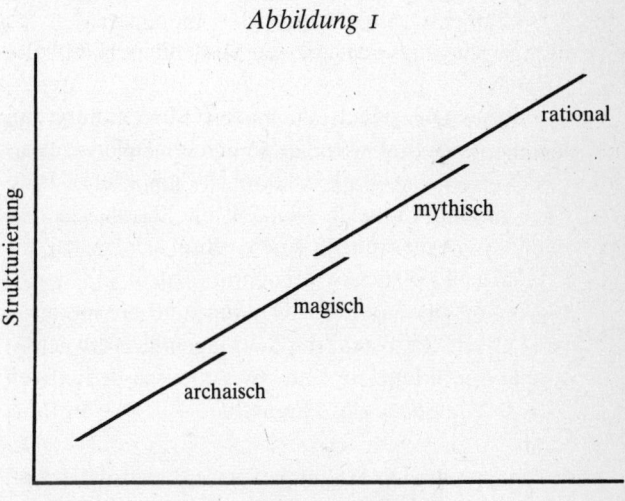

Zeitliche Entwicklung

Ich habe zwischen jeder Struktur einen Spalt gelassen, um
anzudeuten, daß sie größtenteils Neubildungen bzw. in ihrer
Entwicklung diskontinuierlich sind, d. h. sie können nicht
völlig auf ihre Vorstufe(n) reduziert oder allein von daher
erklärt werden; dies wird mittlerweile als *emergent evolution*
(Neuauftreten von Merkmalen im Verlauf einer Entwicklung)[71] oder Meilensteinentwicklung[57] bezeichnet (die die

kontinuierliche und linear bruchlose Entwicklung *auf* jeder Ebene, die sogenannte »polare Entwicklung«, nicht ausschließt). Jeder Strich in Abb. 1 bedeutet Evolution, jeder Spalt Revolution.

B. Die transpersonalen Ebenen

Das Problem dieses Abschnitts lautet: Wohin gehört in Abb. 1 die religiöse Äußerung?

Halten wir eingangs fest, daß die Vorstellung von phylogenetischen/ontogenetischen Parallelen unter Entwicklungsstrukturalisten wieder zunehmend Anerkennung findet: Primitivpaläolithische Magie ist in ihrer Tiefenstruktur (*nicht* der Oberflächenstruktur) ähnlich dem infantil-frühkindlichen präoperationalen Denken; die klassischen religiös-mythischen Äußerungen sind in ihrer Tiefenstruktur ähnlich dem spätkindlichen präoperationalen und beginnenden konkret-operationalen Denken; und die moderne rationale Wissenschaft steht mit dem jugendlich-erwachsenen formal-operationalen und hypothetisch-deduktiven Schließen an der Spitze der Hierarchie.[5, 66, 95, 105] So führt Arieti[5] aus:

»Von fundamentaler Wichtigkeit ist es, daß die [zwei] Prozesse in hohem Maße ähnlichen Entwicklungsplänen folgen. Das heißt nicht, daß in der Psyche... die Ontogenese die Phylogenese ganz getreu rekapituliert, sondern daß in den... Entwicklungsfeldern gewisse Ähnlichkeiten bestehen, und daß wir Schemata von höchsten Allgemeinheitsformen [etwa Tiefenstrukturen wie in Abb. 1] vereinzeln können, die alle Ebenen der Psyche in ihre [unterschiedlichen] Entwicklungstypen einbeziehen.«

Wenn wir zunächst einmal akzeptieren, daß diesem Gedanken eine gewisse Wahrheit zukommt – denn ich meine, daß dies eindeutig der Fall ist –, dann sehen wir uns bestimmten schweren Problemen gegenüber, was die Legitimation religiösen Bewußtseins anbelangt. Denn wenn wir sehen, daß Abb. 1 nicht nur ein ontogenetisches, sondern auch ein phylogenetisches/ideogenetisches Diagramm ist, dann haben wir es in Wirklichkeit mit einer überaus anspruchsvollen Theorie religiöser Primitivisierung zu tun, mit einer Auffrischung und leichten Erweiterung von Comtes Dreistadiengesetz. Wenn wir nämlich die Religion als eine Struktur unter anderen Strukturen behandeln und nicht als etwas, was sie potentiell alle gemein haben (wir werden dem später nachgehen), dann weist eine *zunehmende historische Entwicklung* ganz klar eine mit der Zeit *abnehmende Religiosität* auf. Die paläolithischen Menschen hatten die magische Religion: das Totemritual, das das Durcheinander von menschlichen und tierischen Ahnen ausdrückte, voodooähnliche Rituale, animistische Glaubenshaltungen usw. Die neolithischen und bronzezeitlichen Menschen hatten die klassische mythische Religion: Götter und Göttinnen, die über ihr Schicksal herrschten, mit Bittritualen und -gebeten, die die Menschen ihren himmlischen Vätern und Müttern darbrachten. Und schließlich kommt dann die Revolution der Rationalität (sie fängt an mit Griechenland um das sechste Jahrhundert v. Chr., kommt mit dem aufklärerischen Denken des achtzehnten Jahrhunderts voll in Fahrt, aber beginnt erst heute, eine deutliche dominante strukturelle Rolle für sich zu beanspruchen).[105] Diese zunehmende Rationalisierung brachte den schließlichen Rückzug der Religion (in jedem konventionellen Sinne) als einer weitverbreiteten, legitimen Weltanschauung, wobei ihr Platz in wachsendem Maße von hypothetisch-deduktivem Schließen, empirisch-analytischem Forschen und technischen Interessen eingenommen wurde, wie die Soziologen seit Weber festgestellt haben.

Nach diesem Schema gibt es keine hochentwickelte religiöse Bewußtseinsstruktur, denn die höchste Struktur ist rational-szientifisch. Allem Anschein nach bleibt uns keine andere Wahl, als vor den Primitivisierern, Psychoanalytikern und ihresgleichen zu kapitulieren; die Religion ist dann *im Grunde* eine primitive Fixierung/Regression auf infantile Magie oder Kindheitsmythen (wenn nötig rationalisiert). Solch ein *entwicklungsgeschichtliches Argument* kann, wie ich meine, sogar Bellahs Widerlegung des psychoanalytischen Reduktionismus entwaffnen, weil hier der Analytiker die religiöse Symbolik nicht als etwas der Person selbst Fremdes interpretiert, sondern vielmehr aufzeigt, daß das religiöse Symbol seine eigene Binnenstruktur besitzt, die *ihren eigenen Platz* in der Geschichte der hierarchischen Strukturierung der betreffenden Psyche innehat. Die Analyse hilft dem Individuum lediglich dabei, sich an diese Geschichte zu erinnern und sie zu rekonstruieren, um deutlicher zu sehen, wie sie in ihrem Einfluß derzeit undurchschaut ist. Dies für reduktionistisch zu erklären, läuft auf die Behauptung hinaus, es sei reduktionistisch, einer Person von der Moral der Stufe 3 zu der von Stufe 4, 5 oder 6 zu verhelfen.

Aus dieser Sackgasse gibt es nur zwei Auswege. Erstens können wir behaupten, die phylogenetische/ideogenetische Evolution sei eigentlich eine Devolution – es habe in der Vergangenheit tatsächlich einen historischen Garten Eden auf Erden gegeben, vielleicht in der mythisch-religiösen Bronzezeit, und es gehe mit uns seitdem stetig bergab. Da Evolution in Wirklichkeit Devolution sei, seien die *früheren* Stufen die *höheren*. Empirischen Wissenschaftlern mag diese Vorstellung albern erscheinen, aber ich erinnere den Leser daran, daß solche nüchternen und geachteten Religionswissenschaftler wie Joseph Campbell[23] und Huston Smith[86] mit dieser Idee mehr als nur geliebäugelt haben.

Auch ist mir aufgefallen, daß es unter sympathisierenden Religionswissenschaftlern so etwas wie Ehrensache ist, dies zu glauben. Dennoch ist das eine Auffassung, die ich aus verschiedenen Gründen alles andere als überzeugend finde, sowenig, wie es sich für jemanden gehört, der einem Buch zum Thema den Titel *Up from Eden* (»Von Eden an aufwärts«, deutscher Titel: *Halbzeit der Evolution*) gegeben hat.

Der zweite Ausweg aus dieser Sackgasse besteht darin, die Möglichkeit zu eröffnen, daß es höhere Strukturierungsstufen gibt als das formal-operationale Denken. Ontogenetisch würde dies bedeuten, daß sich ein Individuum heute über ausschließlich rationale Formen der Verstandestätigkeit hinaus zu einer Art von bislang noch unbestimmter höherer Stufe (oder ebensolchen Stufen) des Bewußtseins entwickeln könnte. Phylogenetisch bedeutet es, daß die Evolution weitergeht und daß die menschliche Kultur im ganzen weitere und höhere Ebenen (r)evolutionärer Strukturierung vor sich hat.

Aber die Idee erinnert uns sofort an Hegel[45], der davon ausging, daß die Geschichte schließlich das mentale Selbstbewußtsein im absoluten Wissen des Geistes als Geist transzendieren würde. Auch sind da noch Aurobindo[7], der der Ansicht war, die Evolution steuere auf die Verwirklichung des Supramentalen (*supermind*) zu; Teilhard de Chardin[91], der sie im Punkt Omega oder dem allgemeinen Christusbewußtsein kulminieren sah; und der große russische Philosoph Berdiajew[15], der folgerte, die Evolution verlaufe vom Unterbewußtsein zum Selbstbewußtsein zum Überbewußtsein (so seine Worte). Obwohl manche dieser Darstellungen übers Ziel hinausschossen, liegt das Wesentliche darin, daß der allgemeine Gedanke einer Fortsetzung der Evolution über die gegenwärtige Stufe hinaus in legitim transrationale Strukturen keine völlig schockierende Vorstellung ist. Schauen wir uns doch den Verlauf der Evolution bis heute an: von der Amöbe zum Menschen! Was nun, wenn dieses Verhältnis Amöbe – Mensch auf die zukünftige Evolution angewandt würde? Amöben wären dann für Menschen was Menschen für die – ja, für was? Ist es lachhaft zu meinen, daß das »Was« in der Tat Omega, Geist*, *supermind* sein könnte? Daß unterbewußt sich zu selbstbewußt verhält wie selbstbewußt zu überbewußt? Daß das Präpersonale dem Personalen weicht und dieses wieder dem Transpersonalen? Daß Brahman nicht nur der *Grund* der Evolution, sondern auch das *Ziel* ist?

Was jedoch über diese Verallgemeinerungen hinaus besonders benötigt wird, ist eine Art genauerer Angabe darüber, was die höheren Strukturen-Stufen des Bewußtseins sein könnten. Aus verschiedenen Gründen habe ich mögliche Antworten zuerst bei den psychologischen Systemen von Hinduismus und Buddhismus gesucht; später fand ich einen Widerhall dieser Antworten im Sufismus, der Kabbala, dem Neokonfuzianismus, dem mystischen Christentum und anderen esoterischen Traditionen. Was mir an diesen traditionellen Psychologien auffiel, war der Umstand, daß sie sich über die allgemeinen Merkmale der im Westen so gründlich erforschten Ebenen-Strukturen (die physische, die sensomotorische, die emotional-sexuelle, die niedrigere mentale und die logisch-rationale) völlig im klaren waren, wenn ihnen auch oft die detaillierte Ausarbeitung der modernen westlichen Psychologien abging. Dennoch erhoben sie durchweg den Anspruch, daß das Bewußtseinsspektrum mit diesen Ebenen keineswegs erschöpft sei – daß es jenseits der physischen, der emotionalen und der mentalen Ebene höhere Ebenen struktureller Organisation und Integration gebe.

* Im Original deutsch (Anm. d. Üb.).

Beispielsweise behauptet der Vedanta-Hinduismus, es gebe sechs hauptsächliche Struktur-Ebenen des Bewußtseins.[26] Die erste und niedrigste heißt *Annamayakosha*, wörtlich die aus Nahrung bestehende Ebene, der physische Körper. Die zweite ist der *Pranamayakosha*, die Ebene des Emotional-Sexuellen (Prana ist fast genau ein Gegenstück zur Libido). Die dritte ist der *Manomayakosha*, die Ebene des Mentalen. Diese Ebene schließt neben der Rationalität auch die »Traumaspekte« der Verstandestätigkeit ein; Träume, sagt Shankara, sind wesentlich Wunscherfüllung und bestehen aus den »Phantasien und Begierden des Menschen. Die vierte ist der *Vijnanamayakosha*, die höhere mentale, transrationale oder intuitive Kognition, der Anfang wirklicher spiritueller Erkenntnis. Die fünfte ist der *Anandamayakosha*, die Ebene ekstatischer Erleuchtung-Erkenntnis. Der höchste Zustand ist *Turiya*, Brahman-Atman selbst, obgleich es weniger eine Ebene unter anderen Ebenen ist als der Grund, die Wirklichkeit oder die Soheit aller Ebenen (*Tathata* nennen es die Buddhisten).

Jedenfalls machte ich mich an eine explizit hermeneutische Lektüre der großen traditionellen Psychologien der Welt, in dem Bestreben, die in den verschiedenen klassischen Texten dargebotenen allgemeinen strukturellen Sinneinheiten zu analysieren und zu interpretieren. Zehn Jahre lang praktizierte ich unter verschiedenen Lehrern Zen-Buddhismus, so daß ich wenigstens eine Tradition durch empathische Teilnahme »von innen her« kenne.

Das Ergebnis dieser hermeneutischen und praktischen Begegnung mit den traditionellen Psychologien wurde in *The Atman Project*[101] vorgestellt, wenn auch extrem skeletthaft und ohne methodologische Erläuterung. Die Schlußfolgerung lautete, es sei durchaus denkbar, daß es höhere Stufen struktureller Organisation und Integration gibt, und daß diese höheren Stufen in wachsendem Maße – man kann es nicht anders sagen – spirituell oder transzendental geprägt sind. Diese höheren Struktur-Stufen nannte ich, weitgehend nach dem Vedanta, die übersinnliche, die feinstoffliche, die ursächliche und die allerhabene Ebene. Wenn wir diese höheren Stufen in Abb. 1 einfügen, dann gelangen wir zu einem ersten vagen Gesamtschema des Entwicklungs- und Strukturspektrums des Bewußtseins (siehe Abb. 2; Brahman – oder Dharmakaya oder Kether oder die Gottheit – gilt dabei sowohl als Grenze des Wachstums im Unendlichen, angegeben als Asymptote, wie auch als allgegenwärtiger Grund aller Wachstumsebenen, der durch das Papier selbst dargestellt werden kann, bezeichnet als »Grund«).

Wir können dafür auch einen Kreis ziehen und dann die drei großen Entwicklungsbereiche – unterbewußt (präpersonal), selbstbewußt (personal) und überbewußt (transper-

Abbildung 2

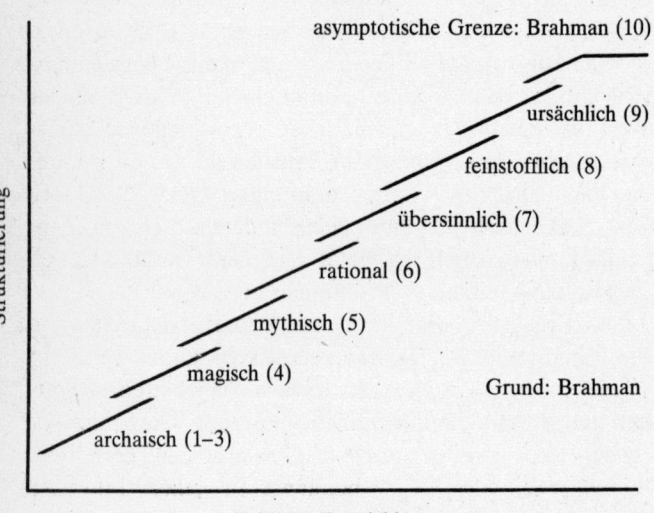

asymptotische Grenze: Brahman (10)

ursächlich (9)

feinstofflich (8)

übersinnlich (7)

rational (6)

mythisch (5)

magisch (4)

Grund: Brahman

archaisch (1–3)

Strukturierung

Zeitliche Entwicklung

sonal) – leichter einzeichnen, obwohl ihre genaue Kopplung mit den verschiedenen Strukturen natürlich etwas willkürlich ist (siehe Abb. 3).

Ich möchte jetzt die höheren oder transpersonalen Ebenen, wie sie in den verschiedenen Texten selbst enthüllt werden, ganz kurz beschreiben. Gleichzeitig werde ich diese Ebenen in Beziehung setzen zu den Grundtypen *esoterischer religiöser Praxis*, wie sie von solchen spirituellen Adepten wie Aurobindo[7], Free John[22] und der Vajrayana-Tradition[101] vorgeschlagen werden.

Die *übersinnliche Ebene* bezieht sich nicht notwendig oder auch nur für gewöhnlich auf paranormale Ereignisse, wenn auch manche Texte erklären, daß diese hier leichter und kontrollierbarer auftreten könnten. Genauer gesagt, die übersinnliche Ebene läßt sich am besten in Beziehung zu der ihr vorausgehenden Ebene verstehen, der des formal-operationalen oder propositionalen Schließens, das die Form »wenn a, dann b« hat. Die übersinnliche Ebene arbeitet mit bzw. aufgrund der Ergebnisse der formalen Verstandestätigkeit. Das heißt, wo der formale Verstand höhere Beziehungen herstellt (»wenn a, dann b«), stellt die übersinnliche Kognition *Netzwerke* dieser Beziehungen her. Wesentlich ist, daß man jede Proposition neben zahlreiche andere stellt, um so sehen bzw. »schauen« zu können, wie die Wahrheit oder Falschheit einer beliebigen Proposition sich auf die Wahrheit oder Falschheit der anderen auswirkt. Solch eine panoramische oder *Schau-Logik* (welchen Begriff ich zur Beschreibung der kognitiven Operationen dieser Ebene verwende) erfaßt ein riesiges Netzwerk von Ideen, wie sie sich gegenseitig beeinflussen, welcher Art ihre Beziehungen sind. Sie ist daher der Anfang einer echten Synthesefähigkeit höherer Ordnung, also davon, Verbindungen herzustellen, Wahrheiten in Zusammenhänge zu setzen, Ideen zu koordinieren, Vorstellungen zu integrieren. Sie gipfelt in

Abbildung 3

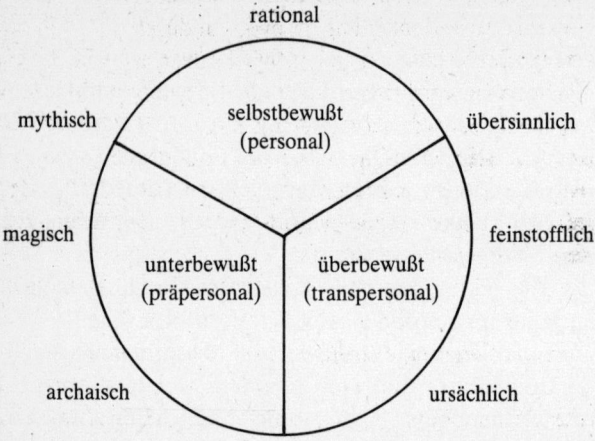

rational

selbstbewußt
(personal)

mythisch

übersinnlich

magisch

feinstofflich

unterbewußt
(präpersonal)

überbewußt
(transpersonal)

archaisch

ursächlich

dem, was Aurobindo *higher mind*, das »höhere Mentale« nannte. Es »kann sich frei in einzelnen Ideen ausdrücken, aber seine charakteristischste Bewegung ist ein umfassendes Vorstellen, ein System oder eine Totalität der Wahrheitsschau auf einen Blick; die Beziehungen von Idee zu Idee, von Wahrheit zu Wahrheit, selbst geschaut im integralen Ganzen.«

Dies ist offenbar eine hochgradig *integrative* Struktur. Obwohl man sie für die erste und niedrigste der transpersonalen Ebenen halten könnte, ließe sie sich auch als die letzte und höchste der personalen Strukturen beschreiben, jenseits deren transzendentalere Gefilde liegen. Diese hochgradig integrierte, höchste personale Struktur korreliert meiner Ansicht nach genau mit der integrierten und der autonomen Stufe Loevingers, Maslows Selbstverwirklichungsbedürfnissen, Broughtons integrierter Stufe usw. (In östlichen Systemen ist sie das sechste Chakra, der Anfang von Manas und Vijnanamayakosha, Tifereth usw.)

Viele orthodoxe Psychologen haben bereits geäußert, daß es wahrscheinlich eine oder mehrere kognitive Stufen jenseits der formal-operationalen gibt. Bruner beispielsweise glaubt, daß manche Erwachsene von der Einsicht (formal-operational) zur Einsicht in die Einsicht (bzw. zur Operation an formalen Operationen) fortschreiten könnten. Die Struktur, die wir hier vorschlagen – Schau-Logik –, scheint diesem Entwurf genau zu entsprechen, mit dem zusätzlichen Vorteil, daß sie explizit mit verschiedenen östlichen Systemen verzahnt ist (was ausdrücklich etwa von Aurobindo erklärt wird, wie das obige Zitat deutlich macht).

Dank der auf dieser Ebene – oder vielmehr in ihrem ausgereiftesten und höchstentwickelten Zustand – auftretenden intensiven panoramischen Bewußtheit könnte das Individuum erstmals tiefe Erkenntnis und sogar Erleuchtung erleben, eine Erleuchtung, die sich über das Denken hinaus in eine Art von Schau zu steigern scheint – noetisch, numinos, inspirierend, oft enstatisch, gelegentlich ekstatisch.[7, 22] Dies kann auch zu einer Art von kosmischem Naturbewußtsein führen oder zu einer Verschmelzung des Selbst mit dem naturhaften Universum (nicht zu verwechseln mit theistischen oder monistischen mystischen Erfahrungen, wie wir noch sehen werden).[7] Adepten, die solche Zustände durch Körperbeherrschung und mentale Konzentration meistern, gelten allgemein als *Yogis*.

Das bedeutet nicht, daß alle, die sich »Yogi« nennen, auch wirklich diese Ebene erreichen. Ebensowenig bedeutet es, daß diejenigen, welche sich Yogi nennen, niemals höher steigen als bis zu dieser Ebene. Nur verkörpern und beweisen die Traditionen, die sich selbst eigens als *yogisch* bezeichnen, meistens ein Verständnis, das in allererster Linie die übersinnliche Ebene widerspiegelt, wie Free John[22] klar darlegte. Im Hinblick auf die Chakra-Psychologie befaßt sich die klassische Yogalehre (Hatha-, Kundalini- und Ashtanga-Yoga) vor allem mit den Energien und Erkenntnissen, die vom ersten, dem Wurzelchakra am Ansatz der Wirbelsäule hinaufführten durch das sechste, das Ajna-Chakra, die »blaue Perle«, das »dritte Auge« zwischen und hinter den Brauen. Das Ajna-Chakra ist die Verkörperung der übersinnlichen Struktur, wie sie hier beschrieben wurde. Jenseits dieses Punktes verläßt das Bewußtsein die übersinnliche Ebene und betritt die feinstoffliche.

Die feinstoffliche Ebene soll der Sitz tatsächlicher Archetypen, Platonischer Formen, feinstofflicher Laute und hörbarer Lichterscheinungen (Nada, Shabd), transzendenter Erkenntnis und Versenkung sein.[22, 85, 86, 105] Manche Traditionen wie etwa der Hinduismus und das gnostische Christentum behaupten, daß diese Ebene – direktem phänomenologischen Erfassen zufolge – der Aufenthalt personaler Gottgestalten ist (Ishtadeva, Demiurg, Yidam), die man in einem Zustand erkennt, der im Hinduismus Savikalpa-Samadhi genannt wird.[26, 86, 117] Zusammengefaßt ist dies die Ebene des »erleuchteten Mentalen« (Aurobindo); die Kulmination von Manas und Vijnanamayakosha; eine echt transrationale Struktur (nicht prärational und nicht antirational); Intuition im höchsten und nüchternsten Sinne (Gnosis, Jnana, Prajna); keine Gefühlsduselei, kein rein körperlich empfundener Sinn und keine vegetativ-pranisch-privatistische »Ahnung«; die Wohnstatt der Erzengelformen oder der Ideen; Bijamantra, Vasanas; der Anfang des siebten Chakras (des Sahasrara); und natürlich das Einsetzen von Maslows *Selbsttranszendenzbedürfnissen*.

Die Adepten, die diese feinstofflichen Sphären meistern, die sich durch Glorienscheine der Wahrheit und des Lichts, Offenbarungen feinstofflicher Laute und direkte Gemeinschaft von Seele und Gott auszeichnen, gelten allgemein als *Heilige*. Wiederum bedeutet dies nicht, daß alle, die sich

einen Heiligen nennen, diese Ebene erreicht haben, oder
daß einige authentische Heilige diese Ebene nicht übersteigen. Es bedeutet nur, daß die Disziplinen, Praktiken und
Erkenntnisse der Heiligkeitstraditionen gemeinhin in erster
Linie die feinstoffliche Ebene struktureller Organisation
widerspiegeln. Im Hinblick auf die Shabd-Chakra-Psychologie beginnt die feinstoffliche Region beim sechsten, dem
Ajna-Chakra, setzt sich im siebten, dem Sahasrara fort und
enthüllt dann noch einige weitere Ebenen immer feiner
werdender hierarchischer Strukturen, die im und jenseits
vom Sahasrara selbst verborgen sind. Die Adepten, die
solche feinstofflichen Strukturen meistern – symbolisch im
Osten wie im Westen so schön durch lichte Heiligenscheine
am Scheitelpunkt des Kopfes (Sahasrara) dargestellt –, faßt
man unter den Oberbegriff Heilige. Jenseits dieser heiligenmäßigen Offenbarungen jedoch liegt der ursächliche/allerhabene Grund selbst, das radikale und transzendentale
Bewußtsein als solches.

Die *ursächliche Ebene* soll der nicht manifeste Ursprung
oder transzendentale Grund aller geringeren Strukturen
sein, den Aurobindo das »Übermentale« *(overmind)*
nannte. Man wird ihrer in einem Bewußtseinszustand inne,
der bezeichnet wird als Nirvikalpa-Samadhi (Hinduismus),
Nirodh (Theravada-Buddhismus), Jnana-Samadhi (Vedanta) oder durch das achte der zehn Bilder vom Ochsenhüten (Zen). Sie ist der Anandamayakosha (Vedanta), das
Alayavijnana (Mahayana), Kether usw. Indem das Bewußtsein den Zustand des Stillwerdens oder der nicht manifesten
Versenkung völlig durchläuft, soll es schließlich wieder zu
seinem absolut ersten und ewigen Verweilen als Geist
erwachen – strahlend und alldurchdringend, eines und
vieles, einziges und alle. Dies ist das klassische Sahaj-Samadhi, der Zustand des Turiya, das transzendentale und
unbestimmbare Bewußtsein als solches, das »Supramen-

tale« Aurobindos, der »Eine Geist« des Zen, Brahman-Atman selbst, der Svabhavikakaya und dergleichen. Ich werde in diesem Buch der Einfachheit halber die ursächliche und die allerhabene »Ebene« als eine behandeln – als Geist im höchsten Sinne, also keine große Person, sondern der »Seinsgrund« (Tillich), die »ewige Substanz« (Spinoza), der »Geist«*(Hegel), der Grund *und* das Ziel der Entwicklung-Revolution selbst.

Die ursächliche allerhabene Ebene beinhaltet keinerlei besondere Erfahrung, sondern vielmehr die Auflösung oder Transzendenz des Erfahrenden selbst, den Tod des Beobachterprinzips. Das heißt, die Dualität Subjekt – Objekt wird radikal transzendiert, so daß die Seele die Gottheit nicht mehr betrachtet, sondern zur Gottheit wird – eine Befreiung, die der Sufi die Höchste Identität nennt. Ist die feinstoffliche Ebene der Ort Gottes und der Gemeinschaft mit Gott, dann ist die ursächliche/Allerhabene der Ort der Gottheit und der Identität mit der Gottheit.[7, 22, 26, 81, 86, 101, 117]

Auf dieser Stufe, im Unendlichen asymptotisch, wird man radikal ichlos, frei vom Gefühl, ein abgesondertes Selbst zu sein, und erlangt damit eine absolute Identität mit der ganzen Erscheinungswelt, ob hoch oder niedrig, heilig oder profan. Und doch ist an diesem Zustand, in dem man mit allem eins, einzig und alles ist, nichts weiter dran, und dadurch erscheint er vollkommen, radikal und paradoxerweise *gewöhnlich*, wie in dem berühmten Zen-Spruch: »Wie wunderbar, wie erhaben dies ist! Ich schöpfe Wasser, ich trage Brennholz.« Die Adepten, die es zu dieser Adaption bringen, gelten allgemein als *Weise*.

Als Beispiel für den Unterschied zwischen Heiligen der feinstofflichen und Weisen der ursächlichen Ebene können

* Im Original deutsch (Anm. d. Üb.).

wir die Epiphanie Mosis und die Christi nehmen.[105] Die Mosaische Offenbarung auf dem Berg Sinai weist alle üblichen Merkmale eines Erfassens auf feinstofflicher Ebene auf: ein numinoser Anderer, der Licht, Feuer, Erkenntnis und Laut (Shabd) ist. Nirgendwo jedoch behauptet Mose, mit jenem Wesen eins oder identisch zu sein. In Indien wurde ungefähr zur gleichen Zeit eine ähnliche Ebene religiöser Erkenntnis in den *Veden* zum Ausdruck gebracht. Christus dagegen behauptet: »Ich und der Vater sind eins«, ein Erfassen auf vollkommen atmischer, ursächlicher Ebene. In Indien wurde ebenfalls um die gleiche Zeit ein ähnliches Verständnis in den *Upanishaden* dargetan, in denen wir solche ursächlichen/allerhabenen und christusgleichen Äußerungen finden wie: »Das bist du«, »Dieser Atman ist Brahman«, »Ich bin Brahman« und ähnliche, mit dem Zusatz, daß *jeder* diese höchste Identität potentiell erlangen kann – ein Grundsatz, der im gnostischen Christentum beibehalten, aber im exoterisch-mythischen Christentum vergessen/verleugnet wurde, wo der ins Unerreichbare »beförderte« Christus die höchste Identität mit sich nahm. In jedem Fall ist der Unterschied zwischen Heiligen der feinstofflichen und Weisen der ursächlichen Ebene oder zwischen der mosaisch-vedischen und der christisch-upanishadischen Offenbarung im wesentlichen der zwischen Savikalpa- und Nirvikalpa-Samadhi: In jenem sieht man das Wesen, in diesem wird man das Wesen.

Entscheidend dabei ist, daß es nicht nur eine Vielfalt religiöser Erfahrung gibt, sondern eine *Hierarchie* religiöser Erfahrung, bei der jede Stufe – die übersinnliche, die feinstoffliche, die ursächliche – höher ist (der Entwicklung, der Struktur und der Integration nach) als die ihr vorausgehende, und jede der korrelativen Praktiken – die des Yogi, des Heiligen und des Weisen – ebenfalls im höchsten Sinne mehr Offenbarungscharakter besitzt.[105] Dieses Schema und seine Auswirkung auf die Religionssoziologie werden in den Kapiteln 6 und 7 untersucht. Im Augenblick halten wir einfach fest, daß dieses Schema entscheidend in die Debatte eingreift, die von Zaehner in Gang gesetzt wurde und noch immer unter den Religionswissenschaftlern tobt.

Zaehner[134] fing damit an, daß er klar und zu Recht aussprach: »Was unter dem Namen Mystik auftritt, unterteilt sich – weit davon entfernt, ein identischer Ausdruck desselben universellen Geistes zu sein – in drei grundverschiedene Kategorien.« Dies sind die panenhenische oder Naturmystik (z. B. Rimbaud, Wordsworth), die monistische Mystik (z. B. Vedanta, Zen) und die theistische Mystik (z. B. das Christentum). Zaehner benutzte dann dieses Schema in einem Versuch, der theistischen Mystik einen höheren Rang zu verleihen als der panenhenischen und der monistischen Mystik. Ninian Smart[134] dagegen möchte gern die nichtdualistischen Religionsrichtungen (Vedanta, Mahayana usw.) bevorzugen, da diese, wenn nicht höher, so doch immerhin nicht tiefer stünden als die theistische Mystik, und er versucht dementsprechend, Zaehners Position zu entschärfen, indem er den Unterschied zwischen theistischer und monistischer Mystik leugnet, obwohl er die klare Trennung zwischen ihnen und der panenhenischen Mystik akzeptiert.

Meines Erachtens nach haben beide zum Teil recht. Es *gibt* einen Unterschied zwischen panenhenischer, theistischer und monistischer mystischer Erfahrung; sie entsprechen fast genau den Ebenen struktureller Organisation, die wir die übersinnliche, die feinstoffliche und die ursächliche genannt haben. Aber wir wenden den strukturellen Spieß gegen Zaehnder und schlagen uns auf die Seite Smarts: Die theistische Religion steht nicht höher als die monistische, im Gegenteil: Die Gemeinschaft des Heiligen mit dem Geist wird durch die Identität des Weisen mit dem Geist transzen diert. Wenn also etwa Watts[94] argumentiert, die monistische Mystik schließe die theistische Mystik ein, nicht aber umgekehrt, dann beruft er sich intuitiv auf das Prinzip der Hierarchisierung, das Grade mehr oder weniger umfassender Gültigkeit erkennt.

So sieht also eine (vereinfachte) Version einer Gesamthierarchie struktureller Organisation aus, die präpersonale oder unterbewußte Komponenten, personale oder selbstbewußte Komponenten und transpersonale oder überbewußte Komponenten enthält. Ob dieses Schema – ja, die gesamte Methodologie der Verifizierung (oder Widerlegung) solcher Schemata – gültig ist oder nicht, soll ausführlich im Kapitel 9 behandelt werden. Bis dahin können wir es *hypothetisch* oder vorläufig als gültig akzeptieren. Wir werden einfach *annehmen*, es sei mehr oder weniger der Fall, und schauen, ob ein Vergehen anhand dieser Annahme die Religionspsychologie und -soziologie klären hilft. In den nächsten zwei Kapiteln werden wir einige weitere Details dieses Gesamtmodells bzw. dieser Hypothese einsetzen. Im Kapitel 5 werden wir dann damit beginnen, danach zu verfahren.

3
Das vielschichtige Individuum als ein Bindeglied zwischen Psychologie und Soziologie

A. Strukturen sind Strukturen gegenseitigen Austauschs

Was das obige Schema – die etwa zehn Ebenen struktureller Organisation – nicht bloß für die Soziologie relevant macht, sondern irgendwie mit der Soziologie verschmelzen läßt, ist die Natur jeder Ebene selbst. Jede Ebene ist nämlich, wie in *Up from Eden* gezeigt werden sollte, ein *Prozeß des Austauschs* mit *entsprechenden* Ebenen struktureller Organisation im Weltprozeß als ganzem, und das macht ihre Psychologie immer auch zu einer Sozialpsychologie, wie dieses Kapitel nun darlegen will.

Der Einfachheit halber werde ich die Anzahl der Ebenen struktureller Organisation auf fünf reduzieren und die Namen verwenden, die im Westen am vertrautesten sind: Materie (1), Körper (2–3), Verstand (4–6), Seele (7–8) und Geist (9–10). Da nun jede dieser Ebenen struktureller Organisation ihre Vorstufen *transzendiert, aber einschließt*, läßt sich von jeder Entwicklungsstruktur sagen, daß sie die früheren Strukturen einfaltet, umhüllt, umfaßt oder *zusammensetzt*, etwa wie der Neokortex das den Säugetieren allgemein eigene limbische System umhüllt, welches seinerseits den Reptilstamm umhüllt.[100]

Aus diesem Grund und in einem expliziten Versuch,

Entwicklungspsychologie und Evolutionstheorie mit dem philosophischen Unterbau von Whitehead[97] und Hartshorne[44] zu verbinden, sagen wir, daß der Mensch ein *vielschichtiges Individuum* ist – zusammengesetzt aus allen vergangenen Entwicklungsebenen und gekrönt von der gegenwärtigen Ebene. Potentiell ist demnach der Mensch aus Materie, Prana, Verstand, Seele und Geist *zusammengesetzt.* Der materielle Körper wird betätigt in der Arbeit mit der physisch-natürlichen Umwelt; der pranische (emotionale) Körper wird beim Atmen, der Sexualität und dem Mitfühlen mit anderen pranischen Körpern betätigt; der Verstand wird in der linguistischen Kommunikation mit anderen Verstandeswesen betätigt; die Seele in übersinnlichen und feinstofflichen Beziehungen; der Geist im absoluten Bezug zur Gottheit und als Gottheit (bzw. in der Gemeinschaft und der Identität mit Gott). Das heißt, *jede Ebene des vielschichtigen menschlichen Individuums wird in einem komplexen System idealerweise ungehinderter Beziehungen zu den entsprechenden Ebenen struktureller Organisation im Weltprozeß als ganzem betätigt.*[105]

Überdies reproduziert sich die Menschheit auf jeder Ebene tatsächlich und buchstäblich durch einen angemessenen *Austausch* der Elemente dieser Ebene (mit entsprechenden Ebenen in der Welt als ganzer). Die Menschheit reproduziert sich physisch durch den Austausch von Nahrung, die durch Arbeit aus der natürlichen Umwelt gewonnen wird. Sie reproduziert sich körperlich (oder biologisch) durch den Austausch von Atem und Sexualität. Sie reproduziert sich mental durch Erziehung und kommunikativen Austausch. Sie reproduziert sich spirituell (Seele und Geist) durch lebendigen Austausch in Form der Übertragung von Adept zu Schüler.[105]

Es sieht demnach so aus, als wäre jede Ebene wesentlich Teil einer gleitenden Kette von gegenseitigen Austauschakten und damit *selbst* im letzten Grunde eine *Gesellschaft* von Austauschakten bzw. eine soziale Beziehung. Sogar der materielle Körper, die allerniedrigste Ebene, ist ein *Prozeß* der Nahrungsaufnahme, -assimilation und -abgabe und von daher immer gebunden – nicht an, sondern als die Gemeinschaft seiner Tauschpartner. Die sexuelle Reproduktion ist offensichtlich ein gegenseitiger Austausch. Für die mentale Ebene gilt, was Lévi-Strauss (neben vielen anderen) klar erwiesen hat: »In der Mathematik, in der Logik oder im Leben muß ein Symbol mit einer anderen Person ausgetauscht werden; im Akt des Austauschs schafft und erhält das Symbol eine Beziehung. So verweist uns das Wort *Symbol* zurück auf seine ursprüngliche Bedeutung im Griechischen: Vertrag, Übereinkunft, Bündnis, Begegnung oder Verbindung.«[107] Und spirituelle Ebenen sind nicht nur Austausch mit der Gottheit, Gemeinschaft – Identität, sondern mit der als spiritueller Meister *und* Gemeinde der Kontemplationspartner verkörperten Gottheit. Jede Ebene ist eine Gesellschaft von Beziehungen oder Tauschgelegenheiten, wobei das *vielschichtige* menschliche Individuum eine Gesellschaft dieser Gesellschaften ist, hoffnungslos verflochten mit anderen Menschen in *deren* Gesellschaften.[105]

Der Gedanke des gegenseitigen Austauschs wird manchmal (redundant) im Begriff der »Triebe« oder »Bedürfnisse« ausgedrückt. Da jede Ebene im Menschen ein Prozeß gegenseitigen Austauschs mit einem entsprechenden Umfeld *ist*, hat der Mensch Triebe, die das Bedürfnis nach diesen verschiedenen Umfeldern ausdrücken: physische Bedürfnisse (Nahrung, Wasser, Luft, Unterkunft), emotionale Bedürfnisse (Gefühl, Berührung, Sexualität), mentalichhafte Bedürfnisse (interpersonale Kommunikation, reflexive Selbstachtung, Sinn), spirituelle Bedürfnisse (Gemeinschaft mit Gott, Tiefe) usw. Es ist, als gäbe es Ebenen von »Nahrung« oder »Mana« – physische Nahrung, emotionale Nahrung, mentale Nahrung, spirituelle Nahrung. Wachstum und Entwicklung ist einfach der Prozeß, sich an immer feiner werdende Nahrungsebenen anzupassen und sie verdauen zu lernen, wobei jede Wachstumsstufe von einer phasenspezifischen Adaption an einen bestimmten Nahrungstyp gekennzeichnet ist. (Wir werden auf diese Vorstellung phasenspezifischen Manas im nächsten Kapitel zurückkommen.)

Die Sache ist schlicht die: Da jede Struktur-Ebene ein Prozeß gegenseitigen Austauschs (oder der Nahrungsbedürfnisse) *ist*, ist sie *notwendig* an die Objekte gekettet, die diese Bedürfnisse »befriedigen«. »Struktur«, »Bedürfnis« und »Objektbeziehungen« sind einfach drei Aspekte des einzigen Austauschprozesses, der jede Ebene ist. Nimmt man die Bedürfnisobjekte bzw. die Nahrung der Struktur weg, dann nimmt man damit die Struktur selbst weg. Nimmt man die grobstoffliche Nahrung weg, dann siecht der physische Körper dahin; nimmt man die vitale Nahrung weg, das Gefühl oder die Wärme, dann siecht der emotionale Körper dahin; nimmt man die »Gedankennahrung« weg, die intersubjektive Kommunikation oder den symbolischen Austausch, dann siecht der Verstand dahin; nimmt man die transzendentale Nahrung weg, den spirituellen Bezug Gnade – Glaube, dann siecht die Seele dahin. Kurz, der Bedürfnis- oder Triebbegriff drückt nichts anderes aus, als daß eine Struktur die ihr entsprechenden Objektbeziehungen unterhalten oder zugrunde gehen muß.

B. Die Entstellung des gegenseitigen Austauschs

Man muß jedoch das Entwicklungsmäßige dieser Ebenen struktureller Organisation und gegenseitigen Austauschs (oder der Nahrungsbedürfnisse) betonen, weil alle diese Ebenen in den einzelnen Menschen nicht von Geburt an *manifest* sind. Vielmehr beginnt das menschliche Individuum sein Wachstum und seine Entwicklung offenbar damit, daß es sich auf die physische Welt (und ihre Nahrung) einstellt, dann auf die emotionale Welt (und ihre Nahrung), dann auf die verbal-mentale, dann die transzendentale usw. (bis das Wachstum in seinem Fall aufhört). Obwohl diese Entwicklungen oft parallel verlaufen oder sich überschneiden, gründet und ruht dennoch jede Ebene auf dem Fundament, das ihr die unmittelbar untergeordnete Ebene bereitet. Während jedoch – meiner Meinung nach kann man das gar nicht genug betonen – die höhere Ebene auf der niedrigeren »ruht«, wird sie von dieser weder verursacht noch gebildet. Das Höhere ist zum Teil eine *Neubildung* – diskontinuierlich, revolutionär, ein Meilenstein. Das Höhere entsteht *auf dem Weg über* das Niedrigere; es kommt gewissermaßen *durch* das Niedrigere, aber nicht *aus* ihm, etwa wie ein Küken durch seine Eierschale kommt, aber nicht aus Eierschalen besteht. Beispielsweise kommt der Verstand *durch* die Libido, nicht *aus* ihr.[105]

Wenn das Höhere zu entstehen beginnt, muß es das Niedrigere schon allein deshalb durchlaufen, weil dieses *bereits* da ist, bereits existiert. Wenn das Höhere die Bühne betritt, dann *ist* das Niedrigere, die unmittelbar untergeordnete Dimension selbst, diese Bühne, und das Höhere wird zuerst mit diesem Niedrigeren verschmolzen und vermischt – es ist zunächst von ihm *nicht differenziert*. Das Wachstum der höheren Ebene ist zum Teil der Prozeß vertikaler Transzendenz oder *Differenzierung* von (und dann Integration) der niedrigeren Ebene, die sie bei ihrem Entstehen durchlief.[101] So kann z. B. das Kleinkind, bevor es etwa anderthalb Jahre alt ist, das Körperselbst nicht klar von der physischen Umwelt differenzieren; es lebt in einem Zustand protoplasmatischer Indissoziation (Piaget: »Das Selbst ist hier sozusagen materiell«[70]); Körperselbst und materielle Welt sind weitgehend undifferenziert. Ungefähr zwischen anderthalb und drei Jahren lernt das Kind, das Körperselbst von der objektiven physischen Welt zu differenzieren und erlaubt damit dem Körper, den primitiv-materiellen Verschmelzungszustand zu transzendieren.[50] Wenn das symbolische Denken zu entstehen beginnt (mit etwa 24 Monaten), ist es zunächst vom Körper selbst nicht differenziert – Verstand und Körper sind verschmolzen und vermischt (Denken ist physiognomisch, wie Werner es ausdrückte, bzw. Piaget zufolge mit sensomotorischen Kategorien kontaminiert).[95, 70] Erst im Alter von sieben Jahren ungefähr werden Verstand und Körper erstmals differenziert, und erst im Alter von elf bis fünfzehn sind sie klar differenziert und der Verstand schließlich transzendiert (aber subsumiert) den Körper selbst.[57, 70] Desgleichen, wenn (und falls) die Seele schließlich entsteht, wird sie zunächst mit dem Verstand verschmolzen und vermischt (sie erscheint in mentale Formen und Gedanken gehüllt, noch nicht in die ihr wesenseigenen Schauungen und Erleuchtungen) usw. Wesentlich ist, daß das Höhere in jedem Fall durch oder auf dem Weg über das Niedrigere entsteht und dieses nur transzendiert, wenn es sich letztlich davon differenziert. Dieser Prozeß der Trennung – Individuation oder Transzendenz kennzeichnet jede größere Stufe des Wachstums oder Entstehens.[101] Aber wir wiederholen: Obwohl das Höhere durch das Niedrigere kommt, so kommt es doch nicht *aus* dem Niedrigere; sein Wesenskern entsteht zum Teil neu.

Dennoch kann dieses Entstehen *durch* das Niedrigere verhängnisvolle Konsequenzen haben, denn ein entstelltes Niedrigeres kann das Höhere dazu *disponieren*, die Entstellung in der Folge im eigenen Bereich zu reproduzieren, etwa wie eine harte oder spröde Eierschale das Küken beim Ausschlüpfen verletzen kann. Eine bessere Metapher ist hier vielleicht ein Wolkenkratzer: Weil das Höhere durch das Niedrigere kommt und dann auf dessen Fundament ruht, wird eine »Schräge« im Erdgeschoß eine ähnliche Schräge im ersten Stock hervorrufen usw. Ein physisches Trauma kann zu emotionalen Störungen führen; emotionale Störungen können mentale Labilitäten erzeugen usw.

Aber dies ist keine absolute Kausalität; nicht allein, daß die tieferliegende Entstellung nur teilweise weitergegeben wird, sondern auch *die höhere Ebene kann dank ihrer entstehenden Freiheit das Ungleichgewicht oft beheben*. Wir sagen daher, daß eine Entstellung im Niedrigeren das Höhere dazu *prädisponiert* (nicht aber veranlaßt), ähnliche, wenn auch abgemilderte Entstellungen in seinem eigenen Bereich zu reproduzieren.

Auf der anderen Seite sieht es so aus, daß das Höhere das Niedrigere *verdrängen* kann, da es dieses teilweise transzendiert. Z. B. kann Sexualität nicht ohne weiteres Sexualität verdrängen, aber der Verstand kann die Sexualität verdrängen, einfach deshalb, weil der Verstand in der strukturellen Organisation höher steht als die Sexualität und daher der Sexualität »aufs Dach steigen« kann.

So wie ich das Wort gebrauche, ist Verdrängung grundsätzlich eine *innere* Angelegenheit; sie wird betrieben vom abgesonderten Selbst, um angesichts zuvor erlebter und stets befürchteter Sterblichkeit sein eigenes prekäres Daseinsgefühl zu verteidigen. Verdrängung wird nicht von anderen verursacht oder betrieben, und sie tritt in unterschiedlichem Maße selbst in den idyllischsten Zusammenhängen auf, weil ganz einfach keine Situation frei von dem Totenschädel ist, der, wie James sagte, bald schon zum Festschmaus hereingrinst. Jeder Aspekt des Selbstsystems – Empfindung, Wahrnehmung, Emotion, Kognition –, der zu drohend, zu befrachtet mit Todesschuld, zu tabubeladen wird, wird vom System abgespalten, verfemt und verbannt. Eine solche Verdrängung zerstört jedoch den »Schatten« nicht wirklich, sondern schiebt ihn lediglich in den Untergrund ab, wo er seine Existenz dadurch kundtut, daß er kryptische Symbole (den verborgenen Text) und störende Symptome hinaufschickt.[101, 105]

Obwohl ein Individuum nicht direkt verdrängend in ein anderes eingreifen kann, so kann es dieses doch *unterdrükken*. Diese Unterdrückung hat mehrere Konsequenzen, zwei davon sind: (1) Die Unterdrückung kann die Austauschprozesse und -kapazitäten auf jeder und allen Ebenen des vielschichtigen Individuums unterbrechen und entstellen (wie Marx für den *materiellen* Austausch herausfand, Freud für den *emotional-sexuellen* Austausch, Sokrates für den *mentalen* Kommunikationsaustausch und Christus für den *spirituellen* Austausch) und (2) kann und wird das abgesonderte Selbst, wenn es die Atmosphäre einer solchen Unterdrückung aushält (und sich daran anzupassen und darauf einzustellen versucht), die ursprünglich äußere Unterdrückung *verinnerlichen*, und verinnerlichte Unterdrückung führt dann zu *Mehrverdrängung*, einer Verdrängung über jene hinaus, welche das Selbst von sich aus hervorrufen würde.[105]

Hier unsere Verallgemeinerungen bis jetzt: (1) Das Höhere kommt *durch* das Niedrigere, aber nicht *aus* ihm; (2) ein entstelltes Niedrigeres *disponiert* das Höhere dazu, ähnliche Entstellungen in seiner eigenen Sphäre zu reproduzieren, aber (3) *veranlaßt* das Höhere nicht absolut dazu, die Entstellungen zu reproduzieren (das Höhere kann zu einem gewissen Grad abmildern, umkehren, ausgleichen, kompensieren usw.); (4) das Individuum kann in diesem oder jenem Maße jede einzelne oder alle seiner Austauschebenen (die physische, emotionale, mentale, spirituelle) abwehrend *verdrängen* oder innerlich entstellen; (5) ein äußerer (mächtiger) anderer kann die Austauschebenen eines Individuums *unterdrücken* und entstellen; und (6) verinnerlichte Unterdrückung ist Mehrverdrängung.

C. Das Rückgrat einer umfassenden kritischen Theorie in der Soziologie

Ich habe andernorts darauf hingewiesen, wie diese Verallgemeinerungen uns helfen können, die Kernaussagen solcher Theoretiker wie Marx und Freud ohne deren reduktionistische Tendenzen zu rekonstruieren.[105] Denn wenn wir uns die Ebenen struktureller Organisation und gegenseitigen Austauschs des vielschichtigen Individuums anschauen, wird es offensichtlich, daß viele Theoretiker *eine* Ebene genommen und versucht haben, sie paradigmatisch zu machen. Nehmen sie eine höhere Ebene, wie es die Idealisten tun, dann erheben sie die niedrigeren Ebenen in einen hohen Rang, den diese einfach nicht besitzen, oder sie ignorieren die niedrigeren Ebenen völlig. Liest man etwa die Geschichte nach Hegel, dann gewinnt man stets den Eindruck, daß sich die materielle Welt in jedem Moment in Luft auflösen könnte. Dies ärgerte Marx anscheinend derart, daß er den entgegengesetzten, aber ganz und gar klassisch reduktionistischen Ansatz wählte: Man nehme eine niedrigere Ebene, nenne sie »die einzig wirklich wirkliche« Ebene, reduziere dann alle höheren Ebenen darauf oder erkläre wenigstens sämtliche höheren Ebenen von der niedrigeren her. Ich brauche wohl nicht eigens zu erwähnen, daß Marx die materielle Ebene und ihre Austauschakte für *alle* Formen des Seienden paradigmatisch machte. Freud tat *exakt* das gleiche für die nächsthöhere Ebene; emotional-sexuelle Energien sind *die* Wirklichkeit, und alles andere – Kultur, Ich, Verstand, Religion – ist bloß eine hinterhältige Verdrehung der Libido. Auf der nächsthöheren Ebene finden wir oft Theoretiker, die es in bewundernswerter Weise ablehnen, das mentale Bewußtsein auf sexuelle Folgeerscheinungen oder materielle Produktionsweisen zu reduzieren, und statt dessen dem Verstand seinen rechtmäßigen und höheren Platz in der Entwicklung zuerkennen, aber dazu neigen, den über dem Verstand stehenden Sphären ihre Gültigkeit zu bestreiten, Sphären, die sie daraufhin dem klassischen Reduktionismus unterwerfen – solche »spirituellen Wirklichkeiten« seien bestenfalls rein funktionale Symbole ohne *wirkliche* Referenten. Für solche Theoretiker (z. B. Habermas) wird die Kommunikation paradigmatisch, und der direkten spirituellen Bewußtheit wird eine Art abgeleiteter Status zuerkannt.

Aber man kann sehen, wo solche Theoretiker in der Tat absolut entscheidende – wenn auch absolut einseitige – Beiträge geleistet haben. Marx z. B. zeigte zwingend auf, daß dann, wenn der materiell-ökonomische Austauschprozeß unterdrückt und entstellt wird, auf der entstellten Basis entfremdete Gedanken und Gefühle entstehen, »falsches Bewußtsein«, und daß die höheren Kulturproduktionen der Kunst, Philosophie und Religion dadurch in Form von Ideologie zu bloßen Handlangern der Unterdrückung herabgewürdigt werden, so daß jede auf ihre Weise zu einem »Opium für das Volk« wird. Ähnlich demonstrierte Freud, daß emotional-sexuelle Entstellungen dem mentalen Bewußtsein einen Hang zur symptomatischen Sklerose verliehen, das freie Fließen mentaler Ideen blockierten und im allgemeinen eine andere Art von falschem Bewußtsein in

Form einer Fassade oder eines Pseudoselbst schufen, das von Aspekten seines eigenen Seins entfremdet ist (weil es von Aspekten gegenseitigen Austauschs *mit anderen* entfremdet ist, daher die moderne Betonung einer Theorie der Objektbeziehungen).

Wir wollen nun alle diese Kernaussagen übernehmen, allerdings ohne ihren Reduktionismus. Denn Marx und Freud gelangten beide von der Aussage: »Ein entstelltes Niedrigeres prädisponiert das Höhere zu ähnlichen Entstellungen« (richtig) zu der Aussage: »Die Entstellungen im Höheren entstammen fast gänzlich den Entstellungen im Niedrigeren« (falsch; sie entstammen ihnen zum Teil, können aber auch ganz eigene Gründe haben), zu der Aussage: »Das Höhere selbst muß daher von einer Entstellung oder Hemmung des Niedrigeren kommen« (noch falscher; damit wird letztlich die Dynamik der Verdrängung/Unterdrükkung paradigmatisch für das Entwicklungsganze), zu der Aussage: »Ohne Hemmung des Niedrigeren gäbe es *kein* Höheres« (offenkundig absurd, aber der Reduktionismus ist hier vollkommen). Daher die orthodox-marxistische Position, daß mit der schließlichen Vergesellschaftung der materiellen Austauschakte *das Bedürfnis* nach Philosophie, Kunst, Religion usw. *verschwinde*; und die genau korrelative freudianische Auffassung, daß ohne Hemmung der instinkthaften Triebe der Verstand niemals entstehen und sich entwickeln würde. Wir machen uns also die gültigen Erkenntnisse solcher Theoretiker mit der zweiten Verallgemeinerung zunutze; mit der ersten und dritten Verallgemeinerung wirken wir ihrem Reduktionismus entgegen.

Es geht mir darum, daß eine umfassende, einheitliche, kritische soziologische Theorie sich am besten konstruieren ließe um eine detaillierte, multidisziplinäre Analyse der entwicklungslogischen und hierarchischen Ebenen gegenseitiger (psychosozialer) Austauschakte, die das vielschichtige menschliche Individuum konstituieren. Die Theorie wäre in zwei wichtigen Hinsichten *kritisch*: (1) adjudikativ hinsichtlich jeder *höheren* Ebene struktureller Organisation und kritisch hinsichtlich der verhältnismäßigen Beschränktheit jeder niedrigeren Ebene, und (2) kritisch hinsichtlich der *Entstellungen* des Austauschs, wenn sie auf irgendeiner bestimmten Ebene auftreten. Letztere ist eine Kritik *auf* einer Ebene und erfordert als Abhilfe eine Selbstreflektion auf die historischen Formationen, die zu der Entstellung in der bestimmten – ökonomischen, emotionalen, kommunikativen oder spirituellen – Sphäre führten. Die erstere ist eine Kritik *zwischen* Ebenen und erfordert als Abhilfe ein *Wachstum* auf höhere Ebenen. Die eine ist eine horizontale Emanzipation, die andere eine vertikale Emanzipation. Auf keine kann verzichtet werden – Wachstum auf eine höhere Ebene gewährleistet nicht die gesunde Normalisierung einer niedrigeren Ebene, und die Heilung einer niedrigeren Ebene bewirkt von sich aus noch keine höhere Ebene. (Wir werden auf diesen Punkt im Kapitel 8 zurückkommen).

Unsere Analyseebenen würden also mindestens umfassen: (1) die physische Ebene materiellen Austauschs, deren Paradigma der Nahrungsverbrauch und die Nahrungsgewinnung aus der natürlichen Umwelt, deren Sphäre die der manuellen (technischen) Arbeit und deren archetypischer Analytiker Marx ist; (2) die emotionale Ebene pranischen (vitalen) Austauschs, deren Paradigma Atem und Sexualität, deren Sphäre die des emotionalen Umgangs miteinander – von Gefühl zu Sexualität zu Macht – und deren archetypischer Analytiker Freud ist; (3) die mentale Ebene symbolischen Austauschs, deren Paradigma der Diskurs (die Sprache), deren Sphäre die der Kommunikation und deren archetypischer Analytiker Sokrates ist; (4) die übersinnliche Ebene intuitiven Austauschs, deren Paradigma Siddhi (übersinnliche Erkenntnis und Schau-Logik im allgemeinen), deren Sphäre Kundalini-Yoga und deren archetypischer Analytiker Patanjali ist; (5) die feinstoffliche Ebene des Gott-Licht-Austauschs, deren Paradigma Shabd-Offenbarung und feinstoffliche Erleuchtung (Savikalpa-Samadhi), deren Sphäre der »Himmel« der Heiligen (Brahma-Loka, die höheren Strukturpotentiale der eigenen vielschichtigen Individualität) und deren archetypischer Analytiker Mose/Paulus/Kirpal Singh ist; und (6) die ursächliche Ebene unendlichen Austauschs, deren Paradigma die völlige Versunkenheit im Unerschaffenen und als dieses (Nirvikalpa-/Sahaj-Samadhi), deren Sphäre die Gottheit des Weisen und deren archetypischer Analytiker Buddha/Krishna/Christus ist. [105]

4
Translation, Transformation
Transkription

A. Allgemeine Definitionen

Bevor wir endlich diese allgemeine Theorie auf solche Spezifika wie die Religionssoziologie, neue Religionen, Kulte und dergleichen anwenden, benötigen wir einige sachliche Definitionen. Wenn wir uns die verschiedenen Ebenen struktureller Organisation vereinfacht als Stockwerke in einem hohen Gebäude vorstellen (in diesem Fall zehn Geschosse, wobei das zehnte Brahman als höchste Ebene und asymptotische Grenze des Wachstums ist und das Gebäude selbst Brahman als Grund aller Wachstumsebenen), dann ist (1) jedes Stockwerk selbst eine *Tiefenstruktur*, während (2) die wechselnden Komponenten auf jedem Stockwerk – die eigentliche Möblierung sozusagen – *Oberflächenstrukturen* sind; (3) die Bewegung von Oberflächenstrukturen nennen wir *Translation (Verschiebung)*; (4) die Bewegung von Tiefenstrukturen nennen wir *Transformation (Verwandlung)*; und (5) die Beziehung zwischen einer Tiefenstruktur und ihren Oberflächenstrukturen nennen wir *Transkription (Umschrift)*. Translation heißt, die Möbel auf einem Stockwerk hierhin und dorthin zu stellen; Transformation heißt, auf ein anderes Stockwerk umzuziehen; Transkription heißt die Beziehung der Möbel zu jedem Stockwerk.

Ein genaueres Beispiel wäre ein Spiel wie etwa Dame oder Schach. Die Oberflächenstrukturen sind die verschiedenen Figuren und die Bewegungen, die sie in einem bestimmten Spiel ausführen. Die Tiefenstruktur sind die *Regeln* des Spiels, die *Schemata*, die die *inneren Beziehungen* der verschiedenen Figuren zueinander definieren. Die Regeln vereinigen jede Figur durch schematisierte Beziehungen holistisch mit jeder anderen. Die Tiefenstruktur *definiert das Spiel* – man kann die Oberflächenstruktur abwandeln, die Figuren aus Ton, Plastik oder Holz herstellen und hat immer noch das gleiche Grundspiel. Man kann sogar Steine benutzen; man muß nur die Figuren nach den Grundregeln transkribieren, d. h. zeigen, wie jede Figur sich in die Regeln der Tiefenstruktur einfügt. Die Beziehung von Tiefen- zu Oberflächenstruktur ist die *Transkription*. Das tatsächliche Herumschieben der Figuren auf dem Brett bzw. die Durchführung eines Spiels schließlich ist die *Translation*.

Wenn wir nun die Tiefenstruktur verändern, verändern wir die Grundregeln des Spiels, und es ist dann offenbar nicht mehr dasselbe Spiel. Wir haben es in etwas anderes *transformiert* – vielleicht in ein anderes gutes Spiel, vielleicht in ein Durcheinander.

Manchmal nehmen Leute Damefiguren und ein Damebrett (wenn sie sich kein Schachspiel kaufen wollen) und transformieren sie in Schach, indem sie zuerst die Regeln ändern bzw. die Tiefenstruktur in die des Schachspiels transformieren, dann die Damefiguren nach ihren Funktionen im Schachspiel transkribieren, sie also als Turm, König, Bauer usw. kennzeichnen, und schließlich diese neuen Oberflächenstrukturen nach den Tiefenregeln des Schachspiels transferieren.

Sogar in diesem einfachen Beispiel beachte man, daß die Tiefenstrukturen sich im Verlauf eines Spiels nicht selbst ändern noch von den bestimmten Bewegungen eines bestimmten Spiels beeinflußt werden. Sie sind »ahistorisch«. Die Oberflächenstrukturen jedoch ändern sich, denn jede Zugfolge ist von Spiel zu Spiel unterschiedlich. Was die bestimmte Abfolge der Züge festsetzt, ist die Summe der vorausgegangenen Züge im bisherigen Spielverlauf. Das heißt, mein nächster Zug in einem bestimmten Spiel wird *innerhalb* der Regeln der Tiefenstruktur erfolgen, aber ist im einzelnen bestimmt durch sämtliche vorherigen Züge (plus meinem gegenwärtigen Urteil über diese vorausgegangenen Züge). Diese Oberflächenstrukturen sind mit anderen Worten *historisch konditioniert* – nicht total von früheren Oberflächenstrukturen verursacht, aber eindeutig zu einem gewissen Grad von diesen geformt.

Dies ist ein kleines Beispiel für ein allgemeines Postulat, das sich auf die Grundebenen struktureller Organisation selbst bezieht: Einmal entstanden, sind die Tiefenstrukturen des Bewußtseins (wie etwa in Abb. 2 dargestellt) relativ ahistorisch, kollektiv, invariant und kulturübergreifend, während ihre Oberflächenstrukturen überall variabel, historisch konditioniert und kulturell geformt sind.[105] So ist z. B., soweit wir wissen, die Tiefenstruktur des formal-operationalen Denkens überall identisch, wo dieses auftritt, aber seine tatsächlichen Oberflächenformen – seine besonderen Glaubenssysteme, Ideologien, Sprachen, Gebräuche usw. – sind überall verschieden und werden weitgehend von der Kultur gestaltet, in der sich das Denken selbst entwickelt.[70] Dieses Postulat (oder vielmehr diese experimentelle Folgerung) ähnelt Chomskys Unterscheidung von Universalgrammatik und spezifisch kultureller Semantik[24], nur daß es nicht auf die mentalen/linguistischen Ebenen beschränkt ist, sondern sich auf sämtliche Ebenen grundlegender struktureller Organisation bezieht (z. B. ist die Tiefenstruktur des physischen Körpers überall identisch – 208 Knochen, 2

Nieren, 4 Gliedmaßen, 1 Herz usw. –, aber die Oberflächen-
aktivitäten dieses Körpers – die akzeptablen Formen von
Spiel, Arbeit, Sport usw. – sind von Kultur zu Kultur anders;
das gleiche gilt für die emotionale, feinstoffliche, ursächliche und andere Ebenen struktureller Organisation). Der
Gedanke selbst erhielt seinen ersten Anstoß von Jungs
Arbeit über Archetypen als »inhaltsleeren Formen«[53] (siehe
allerdings Wilber[102]), aber wurde untermauert durch die
kuturvergleichenden Untersuchungen in Anknüpfung an
das Werk von Piaget, Kohlberg, Werner und anderen. Daß
diese Folgerung auch und ausdrücklich auf die Tiefen- und
Oberflächenstrukturen der drei Stufen religiös-mystischer
Erfahrung (übersinnlich, feinstofflich, ursächlich) zutrifft,
sollte besonders festgehalten werden, denn wir werden
darauf im Kapitel 7 zurückgreifen.

B. Die Funktion der Translation: Mana und Tabu

Entwicklung oder Wachstum scheint demnach in zwei pri-
mären Dimensionen vor sich zu gehen: horizontal-evolutio-
när-historisch und vertikal-revolutionär-transzendental
oder kurz translatorisch und transformatorisch. Horizontales oder translatorisches Wachstum ist ein Prozeß, in dem
die Oberflächenstrukturen einer gegebenen Ebene transkri-
biert, ausgefüllt oder mit »Fleisch« bedeckt werden; das
bedeutet, Verantwortung zu übernehmen für den gegenseitigen Austausch von Oberflächenstrukturen, der die Le-
bensader bzw. die »Nahrung« dieser Ebene darstellt – ein
Prozeß, der stattfinden muß, wenn diese Ebene und die
Gesellschaft der Partner des in ihr stattfindenden wechsel-
seitigen Austauschs sich von Augenblick zu Augenblick
(individuell) und von Generation zu Generation (kollektiv)
reproduzieren sollen. Transformation dagegen ist ein verti-

kaler Übergang, eine revolutionäre Umorganisation früherer Elemente und die Entstehung neuer. Sie ist synonym mit *Transzendenz*, aber man beachte, daß Transzendenz dann nicht auf die oberen Bewußtseinsebenen beschränkt ist (obwohl sie dort vornehmlich gedeiht), sondern vielmehr auf die Tatsache verweist, daß *jede* Ebene die ihr vorausgehende(n) transzendiert oder übersteigt: Mythos transzendiert Magie, Vernunft transzendiert Mythos, Seele transzendiert Vernunft, Geist transzendiert Seele.[101]

Translation hat offenbar eine Hauptfunktion: ihre jeweilige Ebene zu integrieren, zu stabilisieren und im Gleichgewicht zu halten; Transformation hat offenbar eine Hauptfunktion: über ihre jeweilige Ebene hinauszugehen. Die Dialektik der Spannungen scheint einen Großteil der Entwicklungsdynamik auszumachen.[95, 102] In diesem Abschnitt richten wir unser Augenmerk auf ihre translatorische Dimension.

Die Hauptfunktion der Translation – ihre jeweilige Ebene zu integrieren, zu stabilisieren und im Gleichgewicht zu halten – scheint zwei grundsätzliche Facetten zu haben, die wir *Mana* und *Tabu* nennen.[105] Mana bezieht sich auf die »Nahrung« jeder Ebene, z. B. physische Nahrung, emotionale Nahrung (Liebe, Zugehörigkeit), mentale Nahrung (Symbol, Wahrheit), spirituelle Nahrung (Erleuchtung, Erkenntnis). Translation findet statt beim Erwerb der Nahrung (des Mana) ihrer bestimmten Ebene durch die – wie sollte es anders sein – Prozesse gegenseitigen Austauschs (Rezeption, Assimilation und Abgabe), denn Mana-Nahrung ist genau das, was in diesen Prozessen ausgetauscht *wird*. Zudem scheint es, daß Mana-Translation aufgrund dieser *notwendigen* Beziehung in einer und als eine Gesellschaft von Austauschpartnern in allen ihren phasenspezifischen Formen den »Leim« liefert und darstellt, der die bestimmte Gesellschaft, in der der Austausch stattfindet, bindet. Eingedenk dessen definieren wir »gutes Mana« (auf jeder gegebenen Ebene) als das, was integrativ, gesund, legitim und wesensmäßig bindend ist, sowohl innerhalb der Grenzen des bestimmten Individuums als auch zwischen den Grenzen der Individuen im Austauschprozeß als ganzem. »Schlechtes Mana« ist umgekehrt für die bestimmte Ebene weniger integrativ oder sogar desintegrativ.

Wir sind auch der Ansicht, daß es neben gutem und schlechtem Mana auf einer Ebene höhere und niedrigere Formen von Mana zwischen den Ebenen gibt. Das heißt, jede fortschreitend höhere Ebene struktureller Organisation scheint Zugang zu einem fortschreitend höheren Mana, zu höherer Wahrheit-Nahrung zu haben. Dies leugnet jedoch nicht die relative und *phasenspezifische Gültigkeit* der niedrigeren Wahrheiten. Ebenso wenig garantiert es an und für sich die integrative Stabilität der höheren Ebene, da das schlechte Mana einer höheren Ebene oft weniger integrativ ist als das gute Mana einer niedrigeren. Aber das Potential zu höherer Wahrheit und Integration ist ganz eindeutig vorhanden, und so sagen wir alles in allem, daß z. B. die Wissenschaft wahrer ist als der Mythos, ebenso wie die Erleuchtung des Heiligen wahrer ist als die Wissenschaft, aber alle erfüllen sie ihre notwendigen und phasenspezifischen Funktionen und stellen hinreichend angemessene Wahrheiten zur Verfügung. Vertikales Wachstum ist eine Serie von phasenspezifischen Adaptionen an zunehmend höhere Ebenen von Nahrung, Mana, Wahrheit, während horizontales Wachstum ein Prozeß ist, in dem man diese Nahrung auf ihrer eigenen Ebene verdauen lernt (Aufnahme, Assimilation, Abgabe).

Was die Tabufacette der Translation angeht, habe ich meine Argumente explizit in diejenigen von Rank[74], Bekker[10] und Brown[19] eingeflochten, obwohl ich abermals die meiner Meinung nach reduktionistischen Elemente in ihren

Theorien zu vermeiden versucht habe. Ihre Position ist im wesentlichen existenzialistisch; es geht ihnen um die Auswirkungen der Todesfurcht auf die individuelle Psyche und die daraus resultierenden Versuche, mit dem Schrecken der Sterblichkeit fertig zu werden oder ihn zu leugnen.

Der *Tod*, so erklären sie, ist *das* fundamentale Tabu, der fundamentale Schrecken, und in dem Maße, als das abgesonderte Selbst zu seinem eigenen Dasein erwacht, ist ihm der Schrecken, die Angst *inhärent*. (»Die eigentliche, wesentliche Urangst ist dem menschlichen Dasein in allen seinen vereinzelten, individuellen Formen angeboren. In der wesentlichen Angst ängstet sich das menschliche Dasein *vor* wie auch *um* sein ›In-der-Welt-sein‹.«) Es gibt also einfach absolut keinen anderen Weg, den Schrecken zu vermeiden, als durch Verdrängung oder einen sonstigen Abwehr- oder Kompensationsmechanismus. Angst* ist nicht etwas, das das Selbst erleidet; sie ist etwas, das das Selbst *ist*.

Nun stimmen die traditionellen Psychologien – Hinduismus und Buddhismus z. B. – vollkommen und explizit mit dieser Einschätzung überein (nach Ansicht mancher Sozialwissenschaftler, mich selbst eingeschlossen, hat Buddha *die* existenzialistische Darlegung und Analyse der menschlichen Misere geliefert: Anicca, Anatta, Dukkha – Vergänglichkeit, Nicht-Selbst, Leiden). Wo ein Selbst ist, da ist Zittern; wo ein Anderes ist, da ist Angst. Allerdings – und darin transzendieren die Traditionen den bloßen Existenzialismus – behaupten diese Psychologien, daß man über Angst und Zittern hinausgehen kann, indem man über Selbst und Anderes hinausgeht, d. h. indem man Subjekt und Objekt in Satori, Moksha, der höchsten Identität transzendiert.

Aber diese Traditionen behaupten auch, daß die große

---

* Im Original deutsch (Anm. d. Üb.).

Befreiung letztendlich nur auf der Weisheitsebene ursächlicher/allerhabener Adaption stattfindet.[22, 28, 105] Alle tieferstehenden Stufen, wie ekstatisch oder visionär sie mitunter auch sein mögen, sind noch mit der Urbefindlichkeit des Ich behaftet, der Krankheit zum Tode. Selbst der Heilige muß, den Weisen zufolge, seine Seele bzw. sein Gefühl, ein abgesondertes Selbst zu sein, erst noch endgültig aufgeben, und das hindert den Heiligen daran, die absolute Identität mit der und als Gottheit zu erlangen.[22] Da das Gefühl, ein abgesondertes Selbst zu sein, sich entwicklungsgeschichtlich sehr früh bildet – eine primitive Serie von Ich-Kernen entsteht wenige Monate nach der Geburt[17] – und da es sich vor Erlangen der Weisheitsebene struktureller Adaption nicht endgültig abspult, sind folglich sämtliche Entwicklungsebenen unterhalb der großen Befreiung durch das abgesonderte Selbst gekennzeichnet. Und das abgesonderte Selbst *ist* eine Kontraktion der Angst*; genauer gesagt, eine Angst vor seinem eigenen Tod oder Nichtsein.

Es war Otto Rank[73, 74], der die notwendige psychodynamische Charakterisierung dieses Sachverhalts lieferte. Das abgesonderte Selbst, erklärte er, das sich angesichts des fundamentalen Tabus der Sterblichkeit ein Mindestmaß an Stabilität (translatorischem Gleichgewicht) verschaffen will, ist gezwungen, die Augen vor seinem möglichen Nichtsein zu verschließen. Einfach gesagt, es verdrängt den Tod (»Bewußtsein des Todes ist die Urverdrängung, nicht Sexualität«, wie Becker[10] es ausdrückte). Eines der Ergebnisse dessen bzw. eine der tatsächlichen Formen, wie dies geschieht, sagte Rank, ist die Schaffung einer Reihe von *Unsterblichkeitssymbolen*, deren *Verheißung*, den Tod zu transzendieren, die lähmende Kälte lindert, die ansonsten das Handeln des Selbst erstarren ließe.

---

* Im Original deutsch (Anm. d. Üb.).

Wenn dem so ist, dann hat es die Translation nicht nur mit Mana, sondern auch mit Tabu zu tun, dem Grundtabu des Todes, das aber auf jeder Ebene andere und phasenspezifische Formen annimmt. Unter diesem Blickwinkel könnten psychokulturelle Produktionen (zum Teil) als *kodifizierte Systeme der Todesleugnung* gesehen werden (ich sage »zum Teil«, weil meiner Meinung nach das nur die halbe Wahrheit ist; die andere Hälfte ist die Mana-Akkumulation). Ranks geniale Leistung bestand darin, zu erkennen, daß nicht nur Magie und Mythos, sondern *rationale* Produktionen und rein logische Glaubenssätze ebenfalls Unsterblichkeitsprojekte waren. Sie waren Produktionen, die in ihrem Trachten nach einem bestimmten Grad von Wahrheit zugleich nach einem bestimmten Grad von Dauer trachteten und in ihrem Trachten nach Dauer eine erhoffte Unsterblichkeit beanspruchten (»meine Gedanken werden weiterleben...«). Unter diesem Blickwinkel ist die Kultur – selbst die rationale Kultur – die Weise, wie ein abgesondertes Selbst mit dem Tode umgeht: das Selbst, das nur zum Sterben verurteilt ist und dies weiß und sein ganzes Leben (bewußt oder unbewußt) mit dem Versuch zubringt, es zu leugnen, indem es sein eigenes subjektives Leben entsprechend regelt und »bleibende«, »zeitlose« Kulturobjekte und Verstandesprinzipien als äußere und sichtbare Zeichen einer inneren und erhofften Unsterblichkeit aufstellt.

Ich werde nicht die gesamte Argumentation von Rank, Becker oder Brown wiederholen oder meine Umformulierung ihrer Kernaussagen. Man nehme statt dessen ein einfaches Resümee von Becker: »Von Anfang an konnte der Mensch nicht mit der Aussicht des Todes leben. ... Der Mensch errichtete kulturelle Symbole, die nicht altern oder verfallen, um seine Angst vor dem letzten Ende zu beschwichtigen. Betrachtet man das Treiben des Menschen auf diese Weise, so vermag man damit die Geschichte direkt zu entschlüsseln. Wir können erkennen, daß die Menschen in jeder Epoche nach einem Weg suchen, ihr physisches Schicksal zu transzendieren, daß sie sich eine Art von unbegrenzter Dauer sichern wollen, und die Kultur stellt ihnen die erforderlichen Unsterblichkeitssymbole oder -ideologien; Gesellschaften können als Strukturen von Unsterblichkeitsmacht aufgefaßt werden.«

In *Up from Eden* habe ich einige der phasenspezifischen Formen solcher Todesleugnung aufzuzeigen versucht. Es kann die vom magischen Ritual verheißene Unsterblichkeit sein: »Wo Magie ist, gibt es keinen Tod«, faßte Campbell[23] die paläolithische Religion zusammen. Es kann die vom Mythos verheißene Unsterblichkeit sein: »Ein Liebling der Götter zu sein, ein Unsterblicher zu sein«, wollte Becker[11] die antike mythische Religion zusammenfassen. Es kann die von der Vernunft verheißene Unsterblichkeit sein: »Der Gott seines eigenen Denkens«, sagte L. L. Whyte[98], »der zum Lohn Unsterblichkeit verheißt.« Es scheint sogar eine sehr subtile Form des Unsterblichkeitsprojekts in den Seelensphären zu geben: Der letzte Überrest des abgesonderten Selbst erkennt intuitiv das zeitlose Wesen und hält diese Zeitlosigkeit dann fälschlich für eine *unaufhörliche Dauer* oder ein *bleibendes* Selbstgefühl (»deine unsterbliche Seele«, die nichts dergleich ist; die Mahayana-Texte warnen Übende stets davor, den ursächlichen Alaya mit einer bleibenden Seele zu verwechseln)[88]. Entscheidend ist, daß so lange, wie die endgültige Befreiung nicht erlangt ist – sofern es eine solche tatsächlich gibt –, das Unsterblichkeitsprojekt in irgendeiner Form bestehen bleibt. Diese Projekte werden mit jeder höheren Ebene struktureller Organisation immer weniger kompensatorisch, aber sie werden so lange nicht völlig ausgerottet, wie das Gefühl, ein abgesondertes Selbst zu sein, nicht ausgerottet wird. Bis dahin bleibt das Leben ein Kampf von Mana wider Tabu.

Fassen wir zusammen: Funktion der Translation ist es, zu integrieren, zu stabilisieren und die gegenwärtige Ebene im Gleichgewicht zu halten, indem im Prozeß gegenseitigen Austauschs Mana erworben und Tabu vermieden wird. Diese Funktion nimmt auf verschiedenen Ebenen offenbar verschiedene Formen an, aber sie selbst ist auf allen Ebenen vorhanden (funktionale Invariante nennt sie Piaget). Zusammen mit den grundlegenden Tiefenstrukturen und der transformatorischen funktionalen Invariante scheint diese Fähigkeit Teil des *ureigenen Apparats* des Selbstsystems zu sein (vgl. Hartmanns »angeborenen Apparat« oder »undifferenzierte Matrix«)[42].

C. Transformation:
Tod und Wiedergeburt auf jeder Ebene

Wenn wir uns jetzt der transformatorischen oder vertikalen Entwicklung zuwenden, ist es etwas offensichtlicher, um was es dabei geht: Um zur nächsthöheren Ebene zu transformieren, muß ein Individuum tatsächlich den *Tod* der gegenwärtigen Ebene der Adaption akzeptieren, d. h. eine *ausschließliche* Identität mit dieser Ebene beenden. Um also z. B. zum operationalen Mythos fortzuschreiten, muß das Kind eine ausschließliche Anhänglichkeit an magische Wünsche aufgeben bzw. sie in sich abtöten; um zur rationalen Wissenschaft fortzuschreiten, muß der Jugendliche ein ausschließliches Haften an mythischen Produkten aufgeben; um zur yogischen Adaption fortzuschreiten, muß der Erwachsene die isoliert-lineare Rationalität seinlassen und in eine umfassendere Schau-Logik freigeben, usw.[101]

In jedem Fall kann das Selbst nur dann eine Ebene *transzendieren*, wenn es *stark genug* ist, sie in sich *abzutöten*, d. h. zur nächsthöheren Ebene phasenspezifischer Wahrheit

(Nahrung, Mana) zu transformieren. Wenn sich das Selbst mit der neuen Ebene identifiziert und sich an seine Nahrung (Mana) anzupassen beginnt, *dann* überfällt es die Angst, auf *dieser* Ebene zu sterben und sie in sich abzutöten, und seine translatorischen Prozesse schalten sich ein, um die allzeit drohende Sterblichkeit in ihrer neuen Version auszublenden, die ansonsten die Bewegung des Selbst zum Stillstand bringen würde. Das *neue* Selbst paßt sich der *neuen* Wahrheit (Mana) an, sieht sich einem *neuen* Anderen gegenüber, erleidet daher neue Todesbetroffenheit, ergreift daher neue Abwehrmaßnahmen und entwirft daher u. a. neue Unsterblichkeitsprojekte.[105]

Entwicklung in diesem Sinne ist ein schrittweises Ablegen von Unsterblichkeitsprojekten durch das schrittweise Ablegen von Schichten des Selbst, die von diesen Projekten geschützt werden sollten, wodurch sie sich gleichzeitig zu neuen Ebenen phasenspezifischer Nahrung (Wahrheit, Mana) aufschwingt. *Jede* Transformation ist ein Prozeß von Tod und Wiedergeburt: Tod der alten Ebene und Transformation zur und Wiedergeburt auf der neu entstehenden Ebene. Und wenn alle Schichten des Selbst transzendiert worden sind – wenn alle Tode gestorben sind –, dann, so sagen die Weisen, ist das Ergebnis der alleinige Gott in endgültiger Wahrheit, und ein neues übergeschickliches Schicksal steht wieder aus dem Strom des Bewußtseins auf.

5
Das Wort »Religion«
in unterschiedlichem Sprachgebrauch

Eine der großen Schwierigkeiten bei der Erörterung der Religion – ihrer Soziologie, ihrer möglichen Universalität, ihrer »zivilen« Dimensionen – ist die, daß sie eigentlich kein »Etwas« ist. Meiner Ansicht nach hat dieses »Etwas« mindestens ein Dutzend verschiedene, wichtige, einander weitgehend ausschließende Bedeutungen, und leider werden diese in der Literatur nicht immer, ja fast nie auseinandergehalten. Ich möchte einige der Möglichkeiten aufzeigen, wie wir das Wort »Religion« gebrauchen (können), sowie das, was nach meiner Auffassung tatsächlich hinter jedem Sprachgebrauch steht. Es geht mir darum, daß der Sprachgebrauch in jedem Falle hinreichend legitim ist – es steht uns frei, Religion so zu definieren, wie es uns gefällt –, nur *müssen wir diese Bedeutung spezifizieren*. Wir werden nämlich feststellen, daß viele Sozialwissenschaftler etliche implizite, aber oft sehr unterschiedliche Definitionen im Sinn haben, und sie lavieren derart zwischen diesen Gebrauchsmöglichkeiten des Wortes hin und her, daß daraus Pseudoschlußfolgerungen entstehen. Ich werde diese *R*eligions*d*efinitionen nummerieren und sie jeweils als Rd-1, Rd-2 usw. bezeichnen.

1. *Religion als nichtrationale Betätigung.*

Diese Definition hat positive und negative Konnotationen. Für Theologen bedeutet sie, daß die Religion sich mit gültigen, aber nichtrationalen Aspekten des Daseins befaßt, etwa mit Glaube, Gnade, Transzendenz, Satori und dergleichen. Für Positivisten bedeutet sie, daß die Religion ungültiges Wissen ist; sie mag für Menschen in einer emotionalen Weise »sinnvoll« sein, ist aber keine wirkliche Kognition.

Dieser Sprachgebrauch spiegelt sich oft im alltäglichen Verständnis wider. Die meisten Menschen würden intuitiv sagen, daß Magie-Voodoo eine Art Religion ist, wie primitiv auch immer, und daß mythische Götter und Göttinnen eindeutig religiös sind, wenn auch vielleicht nicht sehr »ernst zu nehmend«. Sie würden auch sagen, daß das, was Yogis, Heilige und Weise tun, mit Sicherheit religiös ist. Aber Wissenschaft als Rationalität? *Die* ist nicht religiös. Dieser allgemeine Sprachgebrauch besagt, daß Religion nicht so sehr etwas ist, das sich auf allen Ebenen vollzieht, sondern vielmehr auf bestimmten Ebenen, und im besonderen auf jenen, die nicht per se rational-szientifisch sind. Ist man für Religion, dann impliziert diese Definition, daß Religion etwas ist, in das man hineinwachsen kann; ist man dagegen, dann etwas, dem man zu entwachsen hofft. In jedem Fall ist sie nichtrational; sie gehört zu oder entspringt doch immerhin einer Dimension, die der Vernunft entgegengesetzt ist.

2. *Religion als außerordentlich sinnvolle oder integrative Betätigung.*

Nach diesem Sprachgebrauch ist die Religion nicht etwas, das in spezifischen nichtrationalen Dimensionen oder Ebenen stattfindet, sondern eine bestimmte funktionale Aktivität auf jeder gegebenen Ebene ist, eine Aktivität der Sinnsuche, der Integration usw. Meiner Meinung nach spiegelt dieser Sprachgebrauch in Wirklichkeit die Suche jeder Ebene nach Mana wider – die Suche nach Sinn, Wahrheit, Integrität, Stabilität und einer Subjekt-Objekt-Beziehung (Austausch). Da die Mana-Translation, wie wir gesehen haben, auf jeder Ebene struktureller Organisation stattfinden muß, ist es einerlei, ob diese Ebene sich »religiös« oder »säkular« versteht; sie ist nach dieser Definition religiös bzw. sucht nach Mana.

Dieser Sprachgebrauch spiegelt sich auch im alltäglichen Verständnis wider. So wird auch das typische Individuum, das zunächst erklärt, Mythen, Heilige, Weise und dergleichen seien religiös, die Wissenschaft aber *nicht*, im allgemeinen genau verstehen, was mit den Worten gemeint ist: »Die Wissenschaft war Einsteins Religion.« Fans der Fernsehserie *Raumschiff Enterprise* sagen: »Die Logik ist Spocks Religion.« Hier werden sogar rein rationale Bestrebungen für religiös erklärt, weil sie, wie ich meine, wie alle Ebenen auf der Suche nach ihrem phasenspezifischen Mana sind, und diese Manasuche wird – auf *jeder* Ebene, ob hoch oder niedrig, heilig oder säkular – ganz natürlich als Religion verstanden.

Man beachte, daß Rd-1 und Rd-2, obwohl beide durchaus verwendbar, dennoch recht unterschiedlich, fast gegensätzlich sind, und daß solange wir nicht spezifizieren, welche wir meinen, gewisse Paradoxe und falsche Schlußfolgerungen das Ergebnis sind. Beispielsweise bestreitet Rd-1 die Existenz einer säkularen Religion, Rd-2 verlangt sie; Rd-1 bestreitet, daß Wissenschaft Religion ist, Rd-2 sagt, sie ist es (oder kann es sein). Beide sind akzeptabel, solange wir begreifen, daß sich hinter dem Wort »Religion« unterschiedliche Funktionen verbergen. Oftmals werden im alltäglichen Verständnis alle beide Bedeutungen unspezifisch gebraucht, wodurch ein Pseudoparadox entsteht. Der Betreffende könnte sagen: »Herr Schmitt geht nicht zur Kirche; er hält nichts von Religion – Geld ist seine Religion.«

3. *Religion als ein Unsterblichkeitsprojekt.*

Wir gebrauchen damit den zuvor schon eingeführten Begriff, aber der Begriff selbst ist eigentlich gar nicht vonnöten. Der Gedanke ist schlicht der, daß die Religion im Grunde ein defensiver, kompensatorischer Wunschglaube ist, der zu dem Zweck, Unsicherheit/Angst zu lindern, erfunden wurde. Diese Bedeutung wird oft auf die Theologie angewandt, aber sie wird auch für rationale und säkulare Bestrebungen gebraucht, etwa wenn Becker erklärt, der Marxismus sei die Sowjetreligion, womit er nicht nur Mana-suche (Rd-2), sondern auch Todesleugnung meint. Diese kann, wie wir gesehen haben, auf jeder Ebene stattfinden und spiegelt einfach die der betreffenden Ebene inhärente Tabuvermeidung wieder. In dieser besonderen Funktion leistet die Wissenschaft *für* das rationale Ich genau das, was der *Mythos* für das kindliche Ich und die *Magie* für das infantile Ich leistet: Sie hilft, die Befürchtung letztendlicher und unausweichlicher Sterblichkeit dadurch zu verschleiern, daß sie einem ein Glaubenssystem gibt, an das man sich »halten« kann. Dies scheint besonders auf »Szientisten« zuzutreffen, d. h. auf Wissenschaftler, deren Rd-2-Religion (Mana-Religion) die Wissenschaft selbst ist. Ich habe festgestellt, daß sie, wenn es hart auf hart geht, über ihre ausschließlich rationale Weltanschauung mit einer zitternden Leidenschaftlichkeit wachen, die genauso mit Unsterblichkeitshoffnungen aufgeladen ist wie die eines kreischenden fundamentalistischen Predigers. Die Sache ist einfach die, daß jede Ebene (außer der allerhabenen) dazu neigt, eine Art von Unsterblichkeitsprojekt als Teil ihrer notwendigen Abwehrstrukturen zu errichten, und dieser Gebrauch des Wortes »Religion« ist einfach auf diese bestimmte Funktion abgestellt (obwohl die meisten von denen, die diese Definition gebrauchen, typischerweise bestreiten, daß es noch eine andere gibt).

4. *Religion als evolutionäres Wachstum.*

Dies ist ein anspruchsvolles Konzept, dem zufolge die ganze Evolution und Geschichte ein Prozeß zunehmender Selbstverwirklichung ist bzw. der Überwindung der Entfremdung durch die Rückkehr *des* Geistes *zum* Geist *als* Geist. Hegel beispielsweise, oder Aurobindo. So gesehen ist Religion in Wirklichkeit ein Ausdruck für den Transformationsdrang im allgemeinen. Der religiöse Impuls bedeutet hier nicht, nach Sinn, Integration, Mana oder Wert *auf* einer bestimmten Ebene (nämlich Rd-2) zu suchen, sondern diese Ebene ganz und gar in sich abzutöten, um so zunehmend *höhere* Strukturen von Mana-Wahrheit zu finden, die in Gott als der verwirklichten Adaption selbst endigen.

5. *Religion als Fixierung/Regression.*

Wir haben diesen Sprachgebrauch bereits erörtert; an dieser Stelle muß nur noch gesagt werden, daß diese Bedeutung von Rd-1 lediglich darin abweicht, daß sie spezifischer und stets abfällig gemeint ist. Religion ist nicht nichtrational, sie ist prärational, und damit sind die Alternativen erschöpft.

Dies ist die klassische Primitivisierungstheorie: Religion ist kindliche Illusion, Magie, Mythos.

6. *Exoterische Religion.*

Dies bezieht sich im allgemeinen auf niederigere, äußerliche und/oder vorbereitende Aspekte jeder Religion, die höhere, innerliche und/oder weiter fortgeschrittene Lehr- und Praxisaspekte besitzt. Es handelt sich für gewöhnlich um eine Art *Glaubens*system, das dazu benutzt wird, *Frömmigkeit* zu wecken und zu unterstützen, wobei beide sich zu der esoterischen *Erfahrung* und *Adaption* vorbereitend verhalten (zu diesen Definitionen siehe Kapitel 6). Wenn einer Religion die esoterische Dimension ganz fehlt, dann wird diese Religion insgesamt als exoterisch bezeichnet (als Vergleichspunkt dienen dann die esoterischen Dimensionen anderer Religionen).

7. *Esoterische Religion.*

Dies bezieht sich auf die höheren, innerlichen und/oder weiter fortgeschrittenen Aspekte religiöser Praxis, unter der Bedingung, daß solche Praktiken in der mystischen Erfahrung kulminieren oder sie wenigstens zum Ziel haben.

(Für die nächsten zwei Definitionen ist eine erläuternde Vorbemerkung erforderlich. Definiert ein Autor Religion, dann hat er damit automatisch gewisse Kriterien für eine »gültigere« oder »weniger gültige« Religion festgesetzt, einfach weil, wenn die Funktion der Religion tatsächlich einmal spezifiziert worden ist, es immer bessere und schlechtere Fälle gibt. Was »besser oder schlechter« heißt, hängt also von der Grunddefinition der Religion ab, die der Autor zuvor gibt. Wird Rd-1 benutzt – Religion als eine nichtrationale Dimension oder Sphäre, höhere Sphäre heißt das in diesem Fall –, dann bedeutet gültige Religion oder gültigere Religion implizit oder explizit, daß tatsächlich eine Fühlung mit diesen authentischen, höheren Sphären oder Ebenen besteht. Wird dagegen Rd-2 benutzt – Religion als Suche nach Mana auf *jeder* Ebene –, dann bedeutet gültige oder gültigere Religion nicht die Erfahrung einer bestimmten Ebene, sondern das Finden von legitimem Mana auf der Ebene, auf der man gerade ist. Dies sind offensichtlich zwei völlig verschiedene Bedeutungen von »gültig«, und das stellt eine in der Literatur kaum berücksichtigte chronische semantische Schwierigkeit dar. Ich habe daher keine andere Wahl, als zwei verschiedene Worte – »authentisch« und »legitim« – zu gebrauchen, um diese zwei Bedeutungen von gültig zu spezifizieren.)

8. *Legitime Religion.*

Das ist Religion, die primär *der Translation Gültigkeit verleiht*, meistens dadurch, daß sie für »gutes Mana« sorgt und eine Tabuisierung vermeiden hilft, d. h. einerseits Sinneinheiten und andererseits Unsterblichkeitssymbole liefert. Wenn ein Autor (implizit oder explizit) Religion als eine sinnvolle Integration einer gegebenen Weltanschauung oder Ebene definiert (Rd-2), dann ist damit vom Autor impliziert oder definiert, daß *die integrativere* Religion (innerhalb dieser Weltanschauung oder Ebene) mehr Gültigkeit besitzt. Da wir Rd-2 als Manareligion im allgemeinen bezeichnen, nennen wir in diesen Fällen ihre gültigeren Formen leditime Religion oder Religion mit »gutem Mana«.

Eine *Legitimitätskrise* tritt immer dann ein, wenn Mana und Unsterblichkeitssymbole, die gerade vorherrschend sind, ihren integrativen und defensiven Funktionen nicht nachkommen. Dies kann auf den niedrigeren Ebenen mythisch-exoterischer Religion geschehen (so haben z. B. die päpstlichen Enzykliken über die menschliche Fortpflanzung, die nun einmal auf längst überholten thomistischen/aristotelischen biologischen Vorstellungen gründen, bei vielen Menschen ihre Legitimität verloren), auf den mittleren Ebenen rational-säkularer Religion (z. B. hat das Newtonsche Paradigma als Weltanschauung seine Legitimation verloren) und auf den oberen Ebenen mystischer Religion (z. B. verlor der Mahayana-Buddhismus schließlich seine Legitimation in Indien, und sein Platz wurde von Shankaras Vedanta eingenommen). In jedem Fall gelingt es der Religion in ihrer Rd-2-Funktion einfach nicht, für genug sinnvolle Integration einerseits oder genug Unsterblichkeitsmacht andererseits zu sorgen, und sie verliert dadurch ihre Legitimität oder ihre Fähigkeit, der Translation Gültigkeit zu verleihen.

Folgesatz: »Legitimitätsgrad« bezeichnet den relativen Grad von Integration, Sinn-Wert, gutem Mana, Funktionstüchtigkeit, Tabuvermeidung usw. auf jeder gegebenen Ebene. Dies ist eine *horizontale Skala*; »legitimer« heißt integrativer-sinnvoller auf dieser Ebene.

9. *Authentische Religion.*

Dies ist Religion, die primär der *Transformation* zu einer bestimmten, für wesentlichst religiös erachteten Dimension-Ebene *Gültigkeit verleiht*. Wenn ein Autor (implizit oder explizit) Religion als eine besondere Dimension-Ebene des Daseins definiert (Rd-1), dann ist damit vom Autor impliziert oder definiert, daß die Religion, die mit dieser Dimension-Ebene umfassender oder tiefer in *Fühlung* steht, mehr Gültigkeit besitzt. In diesen Fällen benutze ich das Wort »authentisch« oder »authentischer« in der Bedeutung von »gültiger«.

Eine *Authentizitätskrise* tritt immer dann ein, wenn eine vorherrschende Weltanschauung (oder Religion) durch Anschauungen einer *höheren Ebene* in Frage gestellt wird. Dies kann auf jeder Ebene stattfinden, und zwar immer dann, wenn eine neue und höhere (oder übergeordnete) Ebene zu entstehen und sich Legitimität zu verschaffen beginnt. Die neue Weltanschauung verkörpert eine neue und höhere Transformationsmacht und stellt damit die alte Anschauung in Frage, nicht nur hinsichtlich ihrer Legitimität, sondern hinsichtlich ihrer Authentizität selbst.

Folgesatz: »Authentizitätsgrad« bezeichnet den relativen Grad tatsächlicher Transformation, die eine bestimmte Religion (oder Weltanschauung) erbringt. Dies ist eine *vertikale Skala*; »authentischer« heißt fähiger zur Erreichung einer höheren Ebene (und nicht bloß zur Integration der gerade gegebenen Ebene).

Es steht einem Autor selbstverständlich frei, die Natur der wesentlich religiösen oder höheren Sphäre zu spezifizieren. Für mich fallen darunter die übersinnliche, die feinstoffliche, die ursächliche und die allerhabene Ebene struktureller Organisation und gegenseitigen Austauschs. Daraus folgt für mich, daß authentische Religion jede Theorie und Praxis ist, die zu einem genuinen Entstehen dieser Sphären und schließlicher Adaption daran führt (wobei ich darüber hinaus davon ausgehe, daß eine Religion der ursächlichen Ebene authentischer ist als eine der feinstofflichen und eine solche wieder authentischer als eine der übersinnlichen Eben).

Ich werde den Folgebegriff »Authentizitätsgrad« gelegentlich etwas lockerer in dem Sinne gebrauchen, daß er den Grad der entwicklungsgeschichtlichen Strukturierung *im allgemeinen* bezeichnet (z. B. ist Mythos authentischer als Magie, Vernunft authentischer als Mythos, Schau authentischer als Vernunft usw.). Wenn ich jedoch von authentischen Religionen per se spreche, dann meine ich diejenigen, welche einen Strukturierungsgrad an der Grenze zum Überbewußten bzw. darüber hinaus erreicht haben (d. h. übersinnlich oder höher). Magie, Mythos und Vernunft können also *legitime* Religionen sein (und sind es oft), und sie können mitunter authentische religiöse Erkenntnis durch eine Gipfelerfahrung *ausdrücken* (siehe Kapitel 6). Aber in keinem der beiden Fälle sind sie die Quelle *authentischer* religiöser Erkenntnis, die für mich immer und ausdrücklich *trans*rational ist, nicht bloß rational und ganz gewiß nicht prärational.

Man beachte, daß, ganz allgemein gesprochen, jede Religion (oder Weltanschauung) hinsichtlich ihres Gültigkeitsgrads auf zwei verschiedenen, unabhängig voneinander variablen Skalen beurteilt werden kann: hinsichtlich ihres *Legitimitätsgrads* (horizontale Skala; Grad der *translatori-*

schen Reibungslosigkeit und Integrität, gemessen an der potentiellen Kapazität der gegebenen Ebene selbst) und hinsichtlich ihres *Authentizitätsgrads* (vertikale Skala; Grad der *transformatorischen* Macht, gemessen durch den Grad hierarchischer Strukturierung, die die Transformation erbringt). So gibt es z. B. Situationen, in denen die Magie auf der *vollen Höhe* ihres Potentials (etwa in manchen paläolithischen Gesellschaften) genauso *legitim* war wie der Mythos auf der vollen Höhe seines Potentials (etwa in manchen bronzezeitlichen Gesellschaften), aber der Mythos war *authentischer* (da er eine höhere Ebene struktureller Organisation verkörperte). Wenn unsere Legitimitätsskala von 1 bis 10 reicht (der Grad, in dem das Potential an integrativen Mana der gegebenen Ebene genutzt wird) und unsere Authentizitätsskala von 1 bis 10 (zur Darstellung der in Abb. 2 angegebenen zehn Strukturierungsebenen), dann liegen in diesem Beispiel die Einstufungen bei (10,4) bzw. (10,5).

Hier ein paar andere, alltäglichere Beispiele:

Der Maoismus besitzt (oder vielmehr besaß) einen ziemlichen hohen Legitimitätsgrad, aber einen sehr mäßigen Authentizitätsgrad. Er war insofern eine *legitime* Religion (oder Weltanschauung), als er ganz offensichtlich große Völkermassen integrierte, für soziale Solidarität und ein gewisses Maß an Sinn-Wert sorgte und Tabuisierung zu einem gut Teil vermied, indem er die Unsterblichkeitsideologie einer unendlichen, niemals sterbenden Volksrevolution ausgab (eine Legitimitätsrate von etwa 8–9). Er war jedoch nicht sehr *authentisch*, weil er eine Adaption nur an die mythisch-rationalen Sphären bzw. in diesen bot (5–6); man kann sagen, was man will, der Maoismus brachte keine überbewußte Realisation des einzigen Gottes und eine Adaption an ihn zustande. Daher: Maoismus (8–9, 5–6). (Man beachte, daß der Maoismus seine Legitimität in China heute verloren hat; die »Kulturrevolution« und die Ereignisse im Anschluß daran waren genau eine *Legitimitätskrise*, wie sie oben definiert wurde.) Der sowjetische Marxismus-Leninismus dagegen ist ebenso inauthentisch, wie es der Maoismus war (5–6), und das aus demselben Grund (er bringt keine übersinnliche, feinstoffliche oder ursächliche Transformation zustande), aber er scheint auch einen viel niedrigeren Legitimitätsgrad (etwa 4–5) als der Maoismus in seiner Hochzeit zu besitzen, weil sein Mana und seine Unsterblichkeitssymbole offenbar von einer ziemlich schweren Knute bekräftigt werden müssen.[3] Dies sind also Beispiele für mehr oder weniger legitim/inauthentisch (8–9, 5–6) und illegitim/inauthentisch (4–5, 5–6). (Damit mein Urteil nicht den Eindruck einer Voreingenommenheit für den amerikanisch-protestantischen Kapitalismus erweckt, möchte ich schnell hinzufügen, daß meiner Meinung nach die amerikanische *»civil religion«*) – eine Mischung aus exoterischen, protestantischen, biblischen Mythen und nationalistischen Unsterblichkeitssymbolen – im wesentlichen die gleichen Legitimitäts- und Authentizitätsraten besitzt, wie sie der Maoismus besaß. Daß diese Zivilreligion in den sechziger Jahren eine *Legitimitätskrise* durchmachte, soll im Kapitel 7 erörtert werden.)

Für authentisch, aber illegitim gibt es Beispiele in Hülle und Fülle: Als der Mahayana-Buddhismus in Indien ausstarb, so geschah das nicht, weil seine Lehren per se inauthentisch waren, denn sie verkörperten nach wie vor eine Praxis auf ursächlicher Ebene (9–10), sondern weil der Vedanta-Hinduismus, der sich durch Shankara regenerierte und eine tiefere historische Verwurzelung für sich beanspruchte, mit wachsender Anhängerschar an Legitimität gewann. Desgleichen ist der Vedanta eine vollkommen ursächlich-authentische Religion, aber wird allem Anschein nach in Amerika niemals zu weitverbreiteter Legitimität gelangen, weshalb seine Raten etwa bei (1–2, 9–10) liegen dürften. In der Tat gewannen die meisten esoterischen spirituellen Lehren, einerlei wie authentisch, im Abendland nie viel Legitimität (man denke an Eckhart, al-Halladsch, Giordano Bruno, die esoterisch-ursächliche Botschaft Christi selbst).

Was Religionen anbelangt, die sowohl legitim als auch authentisch gewesen sind, können wir den Ch'an-(Zen-)-Buddhismus im China der T'ang-Zeit nehmen, den Vedanta-Hinduismus in Indien von der Zeit Gaudapadas und Shankaras bis zur verstärkten britischen Besatzung oder das Vajrayana in Tibet von Padmasambhava bis Mao Tse-tung, die alle wohl so um (8–9, 9–10) lagen.

Jede der obigen neun (oder mehr) Gebrauchsmöglichkeiten für das Wort »Religion« ist irgendwo angemessen – manche »religiösen« Äußerungen *sind* Fixierungen/Regressionen, manche sind Unsterblichkeitsprojekte, manche sind Manaerzeuger, manche sind legitim, manche sind authentisch. Aber wir müssen darauf achten, daß wir genau angeben, welchen Sprachgebrauch wir meinen. Ansonsten sind solche Aussagen wie: »Der religiöse Impuls ist allgemein menschlich«, »Alle Religionen sind wahr«, »Religion ist transzendental«, »Alle Religionen sind auf einer tiefen Ebene eins« usw., bestenfalls ausgesprochen sinnlos und schlimmstenfalls zutiefst irreführend.

6
Glaube, Frömmigkeit,
Erfahrung und Adaption

In diesem Kapitel möchte ich eine Unterscheidung treffen zwischen religiösem Glauben (*belief*), religiöser Frömmigkeit (*faith*), religiöser (mystischer oder Gipfel-) Erfahrung und religiöser struktureller Adaption (oder tatsächlicher Adaption an authentisch-religiöse Entwicklungsebenen). Denn noch einmal: Wenn sie alle »religiös« sind, so zu unterschiedlichen Graden. Die Reihe selbst läßt zunehmendes religiöses Engagement erkennen: Scheinbar kann man einen Glauben ohne Frömmigkeit, Frömmigkeit ohne Erfahrung und Erfahrung ohne völlige Adaption haben.

A. Glaube

Glaube im Sinne des Fürwahrhaltens ist die niedrigste Form religiösen Engagements, und in der Tat scheint er oft ohne jeden Zusammenhang mit authentischer Religion vorzuliegen.[105] Der »Rechtgläubige« – einer der keine eigentliche Frömmigkeit besitzt, ganz zu schweigen von wirklicher Erfahrung – hält sich an ein mehr oder weniger kodifiziertes Glaubenssystem, das anscheinend in erster Linie als ein Fundus von Unsterblichkeitssymbolen dient.[10] Dabei kann es sich um mythisch-exoterische Religion handeln (z. B. fundamentalistischen Protestantismus, Laien-Shintoismus, volkstümlichen Hinduismus usw.), rationalen Szientismus, Maoismus, Zivilreligion usw. Was sie zu einer Frage der »Rechtgläubigkeit« gemacht, alle gemein haben, ist der Umstand, daß ein ideologischer Nexus mit der Eignung eines Menschen zur Unsterblichkeit hergestellt wird.

Ich glaube, daß dies eine eigentümliche, sekundäre Psychodynamik erzeugt: Da die Unsterblichkeitsaussichten von der Wahrhaftigkeit des ideologischen Nexus abhängen, kann dieser als ganzer nur mit größten Schwierigkeiten kritisch untersucht werden. Wenn also die normalen und unvermeidlichen Momente der Unsicherheit oder des Unglaubens auftreten (Magie: Ruft dieser Tanz wirklich Regen hervor?; Mythos: Wurde die Welt *wirklich* in sechs Tagen erschaffen?; Wissenschaft: Was war *vor* dem Urknall? usw.), dann werden die sich regenden Zweifel nicht lange im Selbstsystem zugelassen (sie bedrohen die Eignung zur Unsterblichkeit). Infolgedessen wird der sich regende Unglaube gern auf andere *projiziert* und dann mit obsessiver Hartnäckigkeit »dort draußen« angegriffen. Der Rechtgläubige ist ständig damit beschäftigt, nach Konvertiten Ausschau zu halten und Ungläubige zu bekämpfen, denn einerseits ist allein schon die Existenz eines Ungläubigen ein Guthaben weniger in der Unsterblichkeitsbilanz, und andererseits hilft der Umstand, daß er andere zu seiner Ideologie überreden kann, dem Rechtgläubigen dabei, seinen eigenen sich regenden Unglauben zum Schweigen zu bringen. Ist er mythisch-religiös, dann bekriegt er Sünder, verbrennt Hexen, hängt Häretiker; ist er marxistisch eingestellt, dann lebt er für die Revolution, die die Ungläubigen zerschmettern wird (und liefert derweil »Hexen« ins Gefängnis und »Häretiker« ins Irrenhaus ein); ist er szientistisch eingestellt, dann beginnt er oft mit einer gemeinschaftlich veranstalteten Hetze gegen rivalisierende (häretische) Weltanschauuungen, sogar oder besonders gegen solche, die ansonsten geradezu lachhaft unbedeutend sind (z. B. Astrologie, UFOs, Uri Geller, Velikovsky usw.). Es ist nicht die Richtigkeit oder Falschheit der gegnerischen Anschauung, sondern die eigentümliche Leidenschaft, mit der sie bekämpft wird, worin sich der Ursprung solcher Bestrebungen erweist: Was man zu bekehren versucht, ist das eigene ungläubige Selbst.

In einem günstigeren Licht gesehen, *kann* der Glaube als angemessener abstrakter Ausdruck und Kodifizierung eines religiösen Engagements jedes höheren Grades (Frömmigkeit, Erfahrung, Adaption) dienen. Hier dient das Glaubenssystem als eine rationale Klärung transrationaler Wahrheiten wie auch als einführender, *exoterischer*, vorbereitender »Lesestoff« für Initianden.[114] Wenn Glaubenssysteme so mit wirklicher höherer (authentischer) Religiosität verknüpft werden, dann kann man sie – nicht ihretwegen, sondern der Verbindung wegen – als authentische Glaubenssysteme bezeichnen.

B. Frömmigkeit

Frömmigkeit geht über den Glauben hinaus, aber nicht so weit wie wirkliche religiöse Erfahrung. Der Rechtgläubige kann einem meistens alle Gründe angeben, warum er »recht« hat, und wenn man seine Gründe genuin in Frage stellt, nimmt er das im allgemeinen sehr persönlich (weil man im Grunde gerade seine Eignung zur Unsterblichkeit in Frage gestellt hat). Sein Glaubenssystem ist eine Politik, die er hartnäckig durchhält. Der Fromme dagegen wird für gewöhnlich eine Reihe von Glaubenssätzen parat haben, aber sein religiöses Engagement scheint nicht allein oder auch nur vorwiegend von den Glaubenssätzen bewirkt zu sein. Ja, häufig kann er nicht genau sagen, warum er »recht«

hat (fromm ist), und sollte man die Gründe, die er angibt, kritisieren, so nimmt er dies im allgemeinen ziemlich philosophisch. Dies kommt meiner Meinung nach daher, daß Glauben in diesen Fällen nicht die tatsächliche Quelle religiösen Engagements ist; vielmehr hat der Betreffende irgendwie die Intuition, daß der wahre Gott dieser Welt und diesem Leben immanent (wie auch transzendent) ist. Glaubenssätze werden in gewisser Weise sekundär, da dieselbe Intuition in eine beliebige Anzahl anscheinend äquivalenter Formen gefaßt werden kann (»Mit vielen Namen nennen sie ihn, der in Wirklichkeit einer ist«). Der Fromme scheut eher Buchstabenglauben, Dogmatismus, Evangeliumsgläubigkeit, Fundamentalismus, die fast ausschließlich den Rechtgläubigen kennzeichnen.[13]

Paradoxerweise ist der Fromme oft in großen und quälenden religiösen *Zweifeln*, die der Rechtgläubige selten hat. Der Rechtgläubige hat seine Zweifel auf andere projiziert und ist zu sehr damit beschäftigt zu versuchen, sie zu bekehren, um auf seine eigene innere Verfassung achtzugeben. Der Fromme hingegen beginnt, die bloß tröstlichen Glaubenssätze zu transzendieren, und ist daher anfällig für starke Zweifel, die er häufig für ein Zeichen des *Mangels* an Glauben hält, was ihm arg zu schaffen macht. Aber das ist nicht der Normalfall.

Anscheinend geschieht folgendes: Der Fromme ahnt, wenngleich auf eine vorläufige und etwas vage Art, intuitiv die Existenz des wahren Gottes. Einerseits beschert ihm dies ein gewisses Maß an Frieden, innere Stabilität und eine Befreiung vom bloßen Glauben. Andererseits sehnt er sich genau deshalb nach einer größeren Nähe zu dieser Gottheit, einer vollkommeneren Erkenntnis-Vereinigung mit Gott. Da der Betreffende noch nicht diese größere Nähe hat, wird er in seinem bestehenden Zustand vergleichsweise in *Zweifel* gestürzt (und Sehnsucht). Ja, *je größer die Frömmigkeit-*

Intuition, desto größer der Zweifel. Im Zen gibt es dazu einen tiefen Spruch:

> Großer Zweifel, große Erleuchtung.
> Kleiner Zweifel, kleine Erleuchtung.
> Kein Zweifel, keine Erleuchtung.

Wie sehr unterscheidet sich das von der pedantischen und dogmatischen Gewißheit des Rechtgläubigen!

Es scheint nur zwei Wege zu geben, um diesen Zweifel und diese Sehnsucht grundlegend zu lindern. Einer besteht darin, in den bloßen Glauben zurückzufallen und den Zweifel in rigidere und äußerlichere Formen zu verpacken (d. h. Unsterblichkeitssymbole). Der andere ist der, der Sehnsucht entsprechend zu handeln und zur Erfahrung fortzuschreiten.

C. Erfahrung

Erfahrung geht über Frömmigkeit hinaus in tatsächliche Begegnung und eigentliche, wenn auch noch so kurze Kognition über. Erfahrung in dem Sinn, wie ich das Wort gebrauche, bedeutet *Gipfelerfahrung*[61], eine vorübergehende Einsicht in eine (und ein Zustrom von einer) der *authentischen* Ebenen religiöser struktureller Organisation (der übersinnlichen, der feinstofflichen, der ursächlichen). Meiner Meinung nach muß die authentische religiöse Erfahrung von der bloßen emotionalen Verzückung, den magischen Trancen und mythischen Massenbegeisterungen unterschieden werden, die allesamt zu einem zeitweisen Aussetzen der Vernunft durch Regression auf *prä*rationale Adaptionen führen – ein Abrutsch, der von der *trans*rationalen Epiphanie völlig verschieden ist. Prärationale Verzükkungen sind für gewöhnlich chthonisch gestimmt, emotional aufgeladen, körpergebunden und nicht erkenntnishaltig[105] – ein emotionaler Kurzschluß, bei dem es vor unbewußtem orgiastischem Strom funkt und zischt. Die transrationale Epiphanie kann wonniglich sein, aber sie ist auch numinos, noëtisch, erleuchtend, und – was am wichtigsten ist – sie bringt einem eine Menge Einsicht und Verständnis.[6,7]

Authentische Gipfelerfahrungen (im Gegensatz zu ekstatischen emotionalen Kurzschlüssen) passieren meistens denen, die sich zur rationalen Ebene struktureller Adaption hinaufentwickelt haben, obwohl sie gelegentlich auch denen passieren, die sich auf einer mythischen oder magischen Ebene befinden. Wirkliche Frömmigkeit scheint die Erfahrung zu fördern; Glaubenssysteme scheinen sie zu hemmen (obwohl keine dieser Korrelationen sehr eindeutig ist; Gipfelerfahrungen sind dafür berüchtigt, daß sie so ziemlich jeden ohne ersichtlichen Grund treffen können).[61] Wenn sie jemandem passieren, der religiöses Engagement zuvor ablehnte, dann können solche Erfahrungen eine »Bekehrung« bewirken, bei der das Individuum in der Folge ein bestimmtes religiöses Glaubenssystem annimmt, um dem, »was ihm zustieß«, einen Sinn zu geben (z. B. Paulus).

Passiert eine authentische Gipfelerfahrung einem mythisch-religiösen Rechtgläubigen, dann hat das oft den unangenehmen Effekt, seine mythischen Unsterblichkeitssymbole energetisch aufzuladen. Das Ergebnis ist ein »wiedergeborener« Gläubiger, eine besonders explosive Sache. Zunächst einmal hat die analytische Erfahrung[29, 36] konsistent gezeigt, daß der mythische Rechtgläubige oft ein besonders strenges Über-Ich besitzt (verinnerlichte Aggression) – ein *exzessives* Schuldgefühl, eine *Mehr*verdrängung, oftmals geschmiedet in der Atmosphäre eines übermäßig repressiven/puritanischen Elternhauses. Einer der Gründe dafür, daß der mythische Rechtgläubige überhaupt zu einem Rechtgläubigen werden konnte, ist der Versuch, die Mehrschuld durch die Herstellung von Beziehungen zu einer fiktiv-mythischen Elternfigur wiedergutzumachen, die diesmal die schuldhaften Übertretungen (emotional-sexuelle Triebe) vergibt. Gleichzeitig können die unannehmbaren und schuldhaften Triebe in eine Welt von *schmutzigen* Sündern dort draußen projiziert werden. (Daher, so glaube ich, kommt es, daß ein »Sünder« in solchen Fällen meistens zweierlei ist: ein Ungläubiger, der die Unsterblichkeitsbilanz bedroht, und ein »schmutziger« Ungläubiger, der mit emotional-sexueller Schuld kontaminiert ist.)

Wenn ein derartiges Glaubenssystem von einer authentischen Gipfelerfahrung getroffen wird, *transferiert* das System diese nach Maßgabe seiner eigenen Unsterblichkeitssymbole. Die ganze Ideologie scheint eine aufrüttelnde Weihe zu empfangen; dies läßt es zu, daß das strenge Über-Ich mehr noch als sonst in eine moralisierende und missionierende Raserei extravertiert wird; und der Rechtgläubige, nunmehr mit der absoluten Billigung des allmächtigen Gottes selbst versehen, macht sich daran, die Welt nach seinem eigenen Bilde umzuschaffen. Eine *vertikale* Erkenntnis, meist yogischer/heiligenmäßiger Natur, wird in ein *horizontales* Vorwärtsstürmen umgewandelt, weil die Ebene struktureller Adaption außerstande ist, die kognitive Flut zu halten und zu tragen.

Andererseits, aber das ist seltener, kann eine authentische Gipfelerfahrung einen Rechtgläubigen derart aufrütteln, daß er zu einem Frommen wird, was die Verringerung der Leidenschaft für einen besonderen Glauben und die Öffnung für eine umfassendere Toleranz zur Folge hat.

Die Gipfelerfahrung selbst kann offenbar jeder der drei höheren Sphären der bislang noch unverwirklichten Strukturpotentiale des Betreffenden *entspringen* – der übersinnlichen, der feinstofflichen, der ursächlichen –, wobei die genaue Natur der Erfahrung von Fall zu Fall anders ist (panenhenisch, theistisch, monistisch). Es ist auch wichtig zu bestimmen, »in« welche Ebene der gegenwärtigen strukturellen Adaption der Zustrom »gegossen« wird, da *das* anscheinend die Form seines schließlichen Ausdrucks bestimmt – magisch, mythisch, rational.

Man beachte also, daß wir sogar mit unserem einfachen Schema neun substantiell verschiedene Spielarten authentischer Gipfelerfahrung vorgeschlagen haben: einen übersinnlichen, feinstofflichen oder ursächlichen Zustrom, der in magische, mythische oder rationale Strukturen gegossen wird. Ich traue mir zu, für jede dieser neun Epiphanien *strukturelle Evidenz* zur Genüge beibringen zu können, mit dem Vorbehalt, daß die extremeren Paarungen (z. B. magisch mit ursächlich) strukturell so schwer zu bewerkstelligen sind, daß es sie praktisch nicht gibt. Von dieser Ausnahme abgesehen, sind Beispiele für die anderen acht Paarungen reichlich vorhanden. Der typische Schamanismus beispielsweise scheint panenhenische Magie zu sein, übersinnliche Intuition in magische Strukturen gegossen.[105] Darüber hinaus hat Joseph Campbell[23] Belege dafür erbracht, daß die *höchstentwickelten* und esoterischen Schamanen in der Tat von der Existenz eines einzigen Wesens hinter der Vielfalt naturhafter oder panenhenischer Epiphanien ausgingen – ein Beispiel für theistische Magie. Mosis Erfahrung mit dem Berg Sinai scheint theistisch-mythisch gewesen zu sein, die Überflutung einer mythischen Adaption durch eine Offenbarung auf feinstofflicher Ebene.[105] Das erstere größere Satori eines modernen Zen-Schülers ist monistisch-rational, das Einbrechen einer Erkenntnis ursächlicher Identität in eine rationale Adaption und das Durchbrechen dieser.[88] Bertrand Russells berühmte mystische Erfahrung nahm sich weitgehend theistisch-rational aus, ein Überfluten der Logik durch eine Erleuchtung auf feinstofflicher Ebene. Andererseits scheint die geläufigste Form religiöser/mystischer Erfahrung heutzutage yogisch- oder panenhenisch-rational zu sein. Das auf einer rationalen Adaptionsebene befindliche Individuum macht die Erfahrung eines »Einblitzes« in die übersinnliche Dimension; sie steht oft hinter allem, was einem in dieser Beziehung widerfährt, vom Aha- oder Heureka-Erlebnis rationaler Wissenschaftler bis zu den weltlicheren Höhenflügen ekstatischer Freude, von denen man seine zweckrationalen Translationen gelegentlich unterbrochen sieht.[7]

Schließlich gibt es noch eine esoterische oder hochentwikkelte Bedeutung von Gipfelerfahrung: Jemand, der sich bereits *auf* der übersinnlichen Ebene befindet, kann in der Gipfelerfahrung zur feinstofflichen oder ursächlichen aufsteigen, jemand auf der feinstofflichen Ebene zur ursächlichen. Das macht es manchmal sehr schwer, Yogi-, Heiligen- und Weisenreligionen voneinander zu unterscheiden, weil alle drei mitunter den Anspruch erheben, daß alle Dinge zur Abwandlungen der strahlenden Einen Wirklichkeit sind, aber nur die letztere erhebt den Anspruch aufgrund dauerhafter struktureller Adaption, die anderen gründen ihren Anspruch auf bloße Gipfelerfahrung.[7,22,105] Wir wollen jetzt diesen Unterschied erforschen.

D. Strukturelle Adaption

Eine Gipfelerfahrung, mag sie auch noch so authentisch sein, ist dennoch bloß ein flüchtiger Einblick in jene Ebenen struktureller Organisation, deren man wirklich und auf Dauer durch höheres *transformatorisches Wachstum* und tatsächliche strukturelle Adaption innewerden kann.[101] Wir werden in diesem Abschnitt die Implikationen dieser Auffassung untersuchen.

Vor dem heutzutage zu verzeichnenden Zustrom östlicher Religionen in den Westen neigten die meisten Religionswissenschaftler, Psychologen und Soziologen dazu, die Religion allein unter dem Gesichtspunkt von Glauben und/oder Frömmigkeit zu betrachten. Weitgehend durch den Einfluß der östlichen Religion, aber auch aufgrund eines zunehmenden Interesses an christlicher Mystik, Neuplatonismus usw. wurde der Gedanke *tatsächlicher religiöser Erfahrung* (meist mystischer) dem Glauben und der Frömmigkeit hinzugefügt.

In mancher Hinsicht spielten die Psychologen bei dieser Erforschung eine Vorreiterrolle. William James' *Varieties* war eine klassische Untersuchung, die zu dem Schluß kam, daß der fundamentale Urquell der Religion weder Glauben noch Frömmigkeit sei, sondern direkte Erfahrung. Schließlich, so stellte er fest, *begannen* alle Weltreligionen als Erfahrung eines Propheten/Sehers und wurden erst später zu Glaubenssystemen kodifiziert, die Frömmigkeit verlangten. C. G. Jung richtete seine Untersuchungen auf die möglichen archetypischen Quellen solcher Erfahrung, und dann – in relativ neuer Zeit – machten Maslows Studien die *Gipfelerfahrung* zum fundamentalen Paradigma authentischer Religiosität.

Das war kein reiner Segen. Wie angemessen und notwendig das Gipfelparadigma auch war, um Sozialwissenschaftlern dazu zu verhelfen, über Glauben und Frömmigkeit hinaus die direkte Erfahrung in den Blick zu bekommen, so hat doch das Paradigma selbst uns für die Tatsache blind gemacht, daß eine tatsächliche Adaption an diese höheren Sphären als permanente und stabile möglich ist und nicht bloß als flüchtige Erfahrung. Jemand kann sich z. B. zu der Heiligkeitsebene struktureller Adaption hinaufentwickeln und dabei die gleiche letztliche Stabilität und kontinuierliche Handlungsvollmacht an den Tag legen, wie sie jemand jetzt auf der linguistischen Ebene besitzen kann.[101] Wir bezeichnen solche stabilen Adaptionen nicht als »Erfahrungen«, genau wie wir vom typischen Sprecher nicht behaupten: »Er hat eine linguistische Erfahrung« – er ist, mehr oder weniger kontinuierlich, *auf* der linguistischen Ebene *als* dieser Ebene.

Wenn wir erst einmal erkennen, daß authentische Religiosität, über die bloße vergängliche Erfahrung hinaus, tatsächlich konkrete evolutionäre Transformation und strukturelle Adaption verlangen könnte, dann leiten wir damit hinsichtlich der kognitiven Gültigkeit spiritueller Erkenntnis und Wahrheitsansprüche eine Revolution ein. Denn der bloße Glaube kann nicht kognitiv verifiziert werden, da er keinen manifesten Referenten besitzt; ebensowenig die Frömmigkeit, da sie keinen notwendigen Inhalt hat. Als Psychologen und Theologen die mystische *Erfahrung* einführten, nahmen sie folglich an, sie hätten endlich eine Möglichkeit gefunden, religiöse Ansprüche zu verifizieren oder kognitiv zu stützen, da Erfahrung doch immerhin konkret ist. Leider ist sie auch vergänglich, flüchtig, nicht replizierbar, privatistisch und viel zu kurz, um irgendeinen Anspruch auf kognitive Gültigkeit anmelden zu können, wie sich die Philosophen zu ihrer Freude (und zu Recht) darzulegen befleißigten.

Wenn wir jedoch andererseits verstehen, daß die Erkenntnisansprüche des Yogi, des Heiligen und des Weisen *nicht* auf Glaube, Frömmigkeit oder vergänglicher Erfahrung beruhen, sondern auf wirklichen Strukturierungs-, Kognitions- und Entwicklungsebenen, dann erhalten die Tiefenstrukturen ihrer Wahrheitsansprüche einen vollkommen angemessenen, verifizierbaren und replizierbaren Status. Ja, sie würden genau einen Status des *Typs* erhalten wie z. B. Piagets Ebenen und Kohlbergs Stufen und könnten so in der gleichen grundlegenden Weise klar bewiesen werden:

durch Stufen-Struktur-Analysen in jeder entsprechend an-
gepaßten Gemeinschaft hinlänglich entwickelter Praktizie-
render. (Wir werden auf diesen Punkt im Kapitel 9 zurückkommen.)

Mir ist klar, daß die Theologen gerade dabei sind, von
Glaube und Frömmigkeit zur Erfahrung überzugehen, und
damit für viel Aufregung, Begeisterung und Kontroverse
sorgen.* Wie sehr dies alles auch ein Schritt in die richtige
Richtung ist, so habe ich doch das Gefühl, daß man seine
strikte Begrenztheit nicht vergessen sollte, und daß wir so
schnell wie möglich vom Pradigma der Gipfelerfahrung zum
Paradigma der strukturellen Adaption fortschreiten sollten.

---

* Man denke an Peter L. Bergers *The Heretical Imperative* (deutsch:
Der Zwang zur Häresie. S. Fischer, Frankfurt/M. 1980).

7
Religionssoziologie heute

Mit den obigen Ausführungen als Hintergrund können wir rasch ein paar schematische Bemerkungen zu verschiedenen Theorien und Themen machen, die heute in der Religionssoziologie im Vordergrund stehen.

A. Zunehmender Rationalismus

Seit Max Weber haben sich die Soziologen für den wachsenden Trend zur Säkularisierung, Individualismus und Rationalismus interessiert. Angesichts der zunehmend zweckrationalen Weltanschauung fingen die älteren mythologischen Weltanschauungen, die primär auf exoterischer mythischer Zusammengehörigkeit und traditioneller Konformität basierten, langsam, aber unausweichlich an, ihre Überzeugungskraft zu verlieren, und der Legitimationsprozeß selbst begann in jedem Sektor zu rationaler Entscheidung und humanistisch-säkularer Besitznahme zu werden. Dieser Prozeß ist noch keineswegs abgeschlossen, und die meisten Kulturen haben noch einen weiten Weg vor sich, bevor die der rationalen Adaptions- und Organisationsebene inhärenten integrierend-stabilisierenden Kräfte ihr Strukturpotential auch nur annähernd entfalten können. Doch ich bin überzeugt, daß die Struktur mythischer Zusammengehörigkeit die innere Grenze ihrer integrativen und ihrer wahrheitsoffenbarenden Fähigkeit erreicht hat. Sie entstand erstmals um 9000 v. Chr. in bestimmten mythischen Ackerbaukulturen, wo sie langsam die paläolitische Magie der großen Jagd verdrängte; sie reifte in den Hochkulturen der klassischen Mythologie (Ägypten, China der Shang-Zeit, Industalkultur Indiens); und sie erreichte ihren Gipfel im mittelalterlichen Europa unter dem mythisch-exoterischen Christentum.[105] Abzusterben begann sie im Europa des siebzehnten Jahrhunderts; ein Jahrzehnt nach dem anderen ist weitgehend von denjenigen Personen und Ereignissen geprägt worden, die die Untauglichkeit des Mythos aufdeckten und seine Überholtheit deutlich machten: Kopernikus, Newton, Locke, Nietzsche, Comte, Darwin, Freud usw. Es gibt Regressionen/Fixierungen auf diese Seinsweise, sowohl bei Individuen als auch bei Gesellschaften im ganzen, und wird sie sicherlich weiterhin geben, aber meiner Ansicht nach ist ihre Kraft als überzeugender und legitimierender *Wirklichkeitstranslator* erloschen. Sie kann kein Mana von hinreichend hohem Grad mehr abgeben, und unter den Gebildeten *können* nur wenige an ihre mythischen Unsterblichkeitssymbole glauben. Wie alle Ebenen struktureller Adaption ist sie phasenspezifisch. Ihre Phase ist vorbei.

Ich stimme daher mit den Soziologen im allgemeinen darin überein, daß der Gang der modernen Entwicklung von zunehmender Rationalisierung gekennzeichnet ist. Meine Hauptthese ist jedoch, daß der Gesamttrend zur Rationalisierung nur die *erste Hälfte* des von uns vorgeschlagenen Entwicklungsschemas erfaßt: von der archaischen zur magischen zur mythischen zur rationalen Ebene. Aber das Schema geht von der rationalen Ebene aus *weiter* zur übersinnlichen zur feinstofflichen zur ursächlichen zur allerhabenen, und mithin ist das, was meinen Standpunkt vielleicht von dem anderer spirituell aufgeschlossener Theoretiker unterscheidet, die Überzeugung, daß der Rationalisierungstrend per se notwendig, erwünscht, angemessen, phasenspezifisch und evolutionär ist. Ja, ich glaube, daß er daher *an und für sich betrachtet* (wie säkular er sich auch ausnehmen mag) vollkommen religiös im Sinne von Rd-4 ist: ein Ausdruck zunehmend fortgeschrittener Bewußtheit und klar artikulierter Erkenntnis, deren letztendliches Ziel, zu dem er selbst beiträgt, die Wiederauferstehung des Geistes* ist.

Ich glaube außerdem, daß die rationale Adaption vollkommen religiös im Sinne von Rd-2 ist: imstande, eine legitime, überzeugende, integrative und sinnvolle Weltanschauung zu erbringen, d. h. gutes Mana (Rd-8). Wohl kann sie uns keine totale Weltanschauung erbringen – nur die Auswirkung des Ursächlichen/Allerhabenen kann, den Weisen zufolge, die Absolutheit erreichen.[7] Aber sie kann, wie ich glaube, eine Weltanschauung erbringen, die in jeder Hinsicht so kohärent und sinnvoll ist wie die archaische Magie oder der synkrete Mythos – meiner Meinung nach sogar noch kohärenter und sinnvoller, und zwar aus Gründen, die wir bald untersuchen werden.

Aber die Form rational-individueller Integration unterscheidet sich so sehr von der mythischer Konformität, daß es die Sozialwissenschaftler manchmal verwirrt. Mythische Zusammengehörigkeit ist gekennzeichnet durch einen Perspektivismus mittleren Grades: größer als bei der Magie, die fast keinen hat, aber nicht so entwickelt wie bei der rationalen Reflexion, der ersten größeren Struktur, die einen zwanglosen und durchgängigen Perspektivismus erkennen läßt. Der Perspektivismus selbst ist schlicht die Fähigkeit, *die Rolle anderer zu übernehmen*, sich kognitiv in eine

* Im Original deutsch (Anm. d. Üb.).

mentale Perspektive und auf einen Standpunkt zu projizieren, die anders sind als die eigenen. Psychologen von Werner bis Piaget haben gezeigt, wie und warum ein zunehmender Perspektivismus oder umgekehrt ein abnehmender Egozentrismus ein primärer Indikator fortschreitender Entwicklung ist.[57,70,95] Mythische Zusammengehörigkeit steht dazwischen; bei ihr ist man sich anderer bewußt und kann damit beginnen, die Rolle anderer zu übernehmen, aber da ist so etwas wie eine Anfängerstufe beim Erlernen des Perspektivismus ist, neigt man auf ihr dazu, sich in diesen Rollen zu verfangen, von ihnen bestimmt, an sie gebunden zu werden. Man steht also im Bann einer konformistischen, konventionellen oder traditionellen Einstellung: die Codes der Kultur sind die eigenen Codes, die Normen der Gesellschaft sind die eigenen Normen, was sie wollen, will auch ich. Dies ist genau Kohlbergs konventionelle und Loevingers Konformitätsstufe.

Mit dem Aufkommen der rationalen Ebene jedoch gerät man in eine mehr perspektivistische Position, in der man sich selbst und andere reflektiert. Man kann zum erstenmal von den Normen der Gesellschaft kritisch Abstand nehmen und damit für sich selbst darüber entscheiden. Man kann die Normen normieren. Man kann sie für unwürdig befinden und ablehnen; man kann sie für achtbar befinden und sich zu eigen machen, aber in jedem Fall handelt man so aus potentiell vernünftigen und perspektivistischen Erwägungen und nicht mehr aus blinder Konformität. Dies ist natürlich Kohlbergs postkonventionelle und Loevingers gewissensempfindend-individualistische Stufe.

Das Paradigma mythisch-zusammengehöriger Einheit scheint zu sein: »Jeder hat dasselbe zu denken, denselben Symbolen anzuhängen und denselben Vater-Gott-König zu haben.« Das Paradigma der rational-individuellen Einheit scheint zu sein: »Wir wollen zusammen verschiedene Sachen machen, verschiedenen Symbolen anhängen, verschiedene Perspektiven austauschen.« Das ist noch immer eine vollkommen *legitime* Form von Integration oder sozialer Stabilität; sie unterwirft sich nur nicht dem Paradigma Konformität-Tradition, das vielen Soziologen anscheinend heilig ist. Ihre Stabilität beruht nicht auf mythischem Mana oder dem Austausch von Konformitätseinheiten, sondern auf rationalem Mana oder dem Austausch von selbstreflexiven Einheiten. Die mythisch-zusammengehörige Einheit stellt sich über gemeinsame Zugehörigskeitsbedürfnisse her; die rational-individuelle über gemeinsame Selbstachtungsbedürfnisse (um auf Maslows Bedürfnishierarchie zurückzugreifen). Diese ist in vieler Hinsicht potentiell *stabilisierender* als die mythisch-zusammengehörige Translation, weil sie elastischer, *differenzierter* und *daher* potentiell integrierter ist. Für Entwicklungstheoretiker sind Differenzierung und Integration keine Gegensätze, sie sind Komplemente, etwa wenn Werner resümiert: »Überall, wo Entwicklung stattfindet, schreitet sie von einem Zustand relativer Globalität und Undifferenziertheit fort zu einem Zustand zunehmender Differenzierung, Gliederung und hierarchischer Integration.« Rationale Individuation steht genau in diesem Verhältnis zur Globalität mythischer Zusammengehörigkeit, und diese Tatsache ist es, die es Wissenschaftlern wie Fenn[30] und Bell[12] erlaubt, darauf hinzuweisen, daß die moderne Gesellschaft potentiell eine adäquate Stabilisierung ohne Rückgriff auf globalistisch-traditionalistische Manaeinheiten zustande bringen kann. Ogilvys *Many Dimensional Man* bringt eine überzeugende (wenn auch sehr phasenspezifische) Argumentation für perspektivistische Integration oder Einheit *durch* Vielfalt vor, die er der älteren, aber einst angemessenen Integrität der Mentalität »ein Gott, ein König, eine Partei« entgegenhält.

Wenn Individuen auf der rationalen Ebene struktureller Adaption sich also entschließen, einer *authentischen* Religion im Gegensatz zu der bloß *legitimen* Religion des säkularen Rationalismus zu folgen, dann behalten sie fast unweigerlich ihren Perspektivismus bei und räumen ein, daß es verschiedene, aber gleichermaßen gültige Ansätze authentischer Religion gibt – ganz anders als der Gläubige im Sinne mythischer Zusammengehörigkeit, dem es an ausgeprägtem Perspektivismus mangelt, und der daher für gewöhnlich den Anspruch erhebt, sein Vater-Gott-König sei der einzig mögliche und man müsse, wolle man gerettet werden, unbedingt bei ihm Mitglied werden.*

Gleichzeitig möchte ich nicht die rational-individuelle Adaptionsebene verherrlichen. Sie ist lediglich phasenspezifisch. Ich glaube, daß auch sie vorbeigehen wird, um schließlich einer wahrhaft yogischen Weltanschauung subsumiert zu werden. Wir können des weiteren davon ausgehen, daß sie, wie jede andere Ebene auch, ihre Welt auf gesunde oder krankhafte Weise transferieren, gutes oder schlechtes mana liefern kann. Es scheint ebenso »gute« und »schlechte« Vernunft zu geben, wie es »gute« und »schlechte« Mythologie gibt. Aber meiner Meinung nach sollten wir uns nicht die schlechteste Seite der Vernunft herausgreifen, sie mit der besten der Mythologie vergleichen und dann behaupten, die Vernunft selbst bzw. die Ebene differenziert-individuierter rationaler Adaption sei eine degenerierte Struktur im Gegensatz zu den »echt religiösen«, paradiesischen Seinsweisen mythischer Konformität von gestern.

Ich will damit sagen, daß Religionswissenschaftler oft den

---

* Eine ausgezeichnete Erörterung des modernen soziologischen Pluralismus/Perspektivismus findet sich in Bergers *The Heretical Imperative (Der Zwang zur Häresie)*.

Trend zur Rationalisierung gesehen und gefolgert haben, er sei ein antireligiöser Trend, während er für mich aufgrund seines transmythischen oder postmythischen Charakters ein *pro-authentisch-religiöser* Trend ist und *unterwegs* zu yogischen und höheren Ebenen struktureller Adaption. Wenn Rationalität in der Tat die große Wasserscheide zwischen den unterbewußten magischen und mythischen und den überbewußten feinstofflichen und ursächlichen Ebenen ist, dann könnte ihr Hauptzweck im Gesamtplan der Evolution darin bestehen, den Geist seiner infantilen und kindlichen Bindungen, Elternfixierungen, Wunscherfüllungen, Abhängigkeitssehnsüchte und symbiotischen Befriedigungen zu berauben. Ist der Geist derart entmythologisiert, dann kann man ihm *als* Geist in seiner absoluten Soheit (*Tathata*) begegnen und nicht als einem kosmischen Vater oder einer kosmischen Mutter.

Aufgefordert, die religiöse Weltanschauung zu erläutern, die die Rationalisierung angeblich »zerstört«, weisen solche Sozialforscher fast immer auf magische oder mythische Symboliken hin, wodurch sie prärationale Strukturen in einen transrationalen Rang erheben. Da die Entwicklung tatsächlich vom prärationalen Mythos zum rationalen Diskurs zur transrationalen Epiphanie fortschreitet,[102] *erscheint* die Rationalisierung natürlich antireligiös, wenn man authentische Religion als transrational begreift, dann ist das phasenspezifische Moment rationaler Individuation nicht nur ein Schritt in die richtige Richtung, sondern eine absolut unerläßliche Vorbedingung.

B. Robert Bellah

Abgesehen davon, daß sich sein Werk jederzeit durch außerordentliche Klarheit und feine Wahrnehmung auszeichnet, besteht Robert Bellahs größte Leistung meiner Meinung nach darin, daß er rigoros die Notwendigkeit aufzeigte, die Religion in gewisser Hinsicht auch religiös zu behandeln, d. h. nichtreduktionistisch. Dies löste eine kleine Revolution in der modernen Soziologie aus. Darüber hinaus jedoch habe ich einige Vorbehalte.

1. Indem er alle religiösen Äußerungen »nichtreduktionistisch« behandelt, neigt Bellah dazu, jedes ernsthafte Kritikvermögen zu verlieren (siehe Kapitel 1, Abschnitt C, Phänomenologische Hermeneutik). Ja, wenn er sagt: »Die Religion ist wahr«, dann gibt er die Position *profunder* Entwicklungsmöglichkeiten auf und übersieht die Hierarchie von Wahrheitskapazitäten. Man könnte genausogut sagen: »Die Moral ist wahr«, und dann die außerordentlichen Differenzen – einschließlich der zunehmend *höheren* Natur – des guten halben Dutzends von Moralstufen übersehen, die von der modernen Entwicklungspsychologie entdeckt wurden.

Durch dieses Fehlen einer vertikalen kritischen Dimension bei einem, wie mir oftmals scheint, fragwürdigen Gebrauch des Wortes »nichtreduktionistisch« wird nicht nur die mögliche Hierarchie authentischer religiöser Adaption – die des Yogi, des Heiligen, des Weisen – unterschlagen, man nimmt auch jedes anscheinend religiöse Symbol fast ganz für bare Münze (»symbolischer Realismus«) und räumt damit Phänomenen, die vielleicht einfach kindliche Fixierungen sind, einen überaus hohen Rang ein. Der Begriff Reduktionismus bezeichnet meiner Ansicht nach richtig den Versuch, *höhere* Bereiche durch *niedrigere* zu erklären (Verstand durch Instinkt, Feinstoffliches durch Verstand usw.), und das ist in der Tat zu mißbilligen.

Bellah jedoch unterscheidet nicht systematisch zwischen höher und niedriger; »Reduktionismus« heißt es dann, wenn jemand irgend etwas anderes über einen Bereich sagt als das, was dieser über sich selbst sagen will. Insbesondere unterscheidet Bellah nicht prärationale »Religion« von transrationaler Religion, und deshalb muß er bei seinem Versuch, diese vor Reduktionismus in Schutz zu nehmen, jene oft verherrlichen.

2. Nach Bellahs Hintergrunddefinition ist Religion das, was der holistischen Wechselbeziehung von Subjekt und Objekt in einer sinnvollen Weise dient. Dies ist im Grunde Rd-2: Religion als gegenseitiger Manaaustausch (auf jeder beliebigen Ebene).

Genau anhand dieser Definition kann Bellah (zu Recht) sagen, daß alle Gesellschaften religiös sind, selbst säkulare, und daß alle Religionen (in dem Sinne) wahr sind. Und weil er im allgemeinen mit Rd-2 arbeitet, ist sein Kriterium für eine »gültigere« Religion Rd-8: Eine integrativere Religion ist eine gültigere, nützlichere oder sinnvollere. Das Kriterium hier ist das der *Legitimität*. Beispielsweise ist oder war Bellah zufolge die amerikanische *»civil religion«* (eine Mischung aus mythischer protestantischer Ethik und amerikanischen nationalistischen Unsterblichkeitssymbolen) eine legitime Religion, weil sie für adäquaten integrativen Sinn, moralische Zügelung und sozialen Zusammenhalt sorgte. Dem stimme ich zu. Die Zivilreligion war ein guter Manaerzeuger und Tabuvermeider; sie war eine legitime Religion (im Sinne von Rd-8).

Jedoch wegen seiner unkritischen (»nichtreduktionistischen«) Haltung versäumt Bellah es, systematisch zwischen bloß legitimen Religionen und *authentischen* Religionen zu unterscheiden. So macht er etwa Äußerungen wie diese: »Die Zivilreligion ist im besten Fall ein *genuines Erfassen* der universellen und transzendentalen Wirklichkeit ...«[13] Nun kann man sagen, was man will, die Zivilreligion per se hat selbst im besten Fall nichts hervorgebracht, was einem wirklichen Satori, Moksha oder *genuinen Erfassen* des wahren Geistes ähneln würde. Zu dieser Vernebelung kommt es meiner Meinung nach deshalb, weil Bellah legitime Manareligion – solches, was auf allen Ebenen struktureller Adaption auftreten sollte – mit authentisch-transzendenter Religion verwechselt, die nur auf den oberen Ebenen struktureller Adaption auftritt.

3. Mitunter jedoch gebraucht Bellah das Wort »Religion« auch im Sinne von Rd-1; aus verschiedenen Gründen denkt er an eine spezifische Dimension-Sphäre, wenn er »Religion« sagt, und was diese Sphäre auch sonst sein mag, sie ist jedenfalls nicht szientifisch-rational. So sagt er etwa: »Sie ist in diesem Sinne religiös, nicht szientifisch.«[13] Das ist, wie wir gesehen haben, ein völlig akzeptabler Gebrauch des Wortes »Religion«; es ist Rd-1.

Meiner Ansicht nach ist Bellah hier bestrebt, nicht nur von einer *legitimen* Religion zu sprechen, wie sogar eine säkular-rationale Gesellschaft eine sein könnte, sondern auch von einer *authentischen* Religion, die jenseits (*trans*) rationaler Individuation liegt (und die Bellah daher verständlicherweise szientifisch-säkularen Gesellschaften nur widerwillig zugesteht; sie können meiner Meinung nach legitim, aber nicht authentisch sein). Aber indem er es unterläßt, systematisch zwischen transrationalem und prärationalem Bereich zu unterscheiden, weitet Bellah *Authentizität* auf prärationale, mythische Betätigungen und Zivilreligionen aus, während diese doch bestenfalls eine gefestigte *Legitimität* besäßen.

Nun sieht sich die szientifisch-rationale Gesellschaft aus einer Vielfalt von Gründen heute selbst Legitimationskrisen verschiedenster Art gegenüber, und diese sind ein wichtiger

Gegenstand der Forschung und Kritik. Aber meiner Ansicht nach verwechselt Bellah den heutigen Legitimationsverlust, den die zivilen und mythischen Religionen erlitten haben, mit einem Verlust von *Authentizität*, die sie *niemals* besaßen. So klagt er: »Der sogenannte postreligiöse Mensch, der kühle, selbstsichere säkulare Mensch, den sogar einige Theologen unlängst gefeiert haben, ist gefangen in einer prosaischen und eingegrenzten Wirklichkeit, die von religiöser Seite aus klassisch als die Welt von Tod und Sünde beschrieben wurde, die gefallene Welt, die Welt der Illusion. Der postreligiöse Mensch ist in der Hölle gefangen.«[13]

Was Bellah »postreligiös« nennt, ist einfach postmythisch und postkonventionell. Und, wie wir im letzten Abschnitt darlegten, postmythische Männer und Frauen sind nicht post-authentisch-religiös, sondern prä-authentisch-religiös, mit beiden Beinen auf der rationalen Ebene struktureller Adaption, bereit zum nächsten globalen Schritt in der kollektiven Entwicklung, dem *ersten* Schritt authentischer, kollektiver, spiritueller Erfahrung – einer yogischen Adaption weiter Kreise.

In der Hölle gefangen? Ganz bestimmt, denn das gilt für *alle* Stufen außer der überbewußten Auferstehung. Aber das Wesentliche ist, daß die früheren mythisch-religiösen Männer und Frauen gleichermaßen in der Hölle gefangen waren, ja mehr noch; sie besaßen ganz einfach nicht den hohen Grad von rational-reflexiver Bewußtheit, die sie gebraucht hätten, um ihre Misere gründlich zu erkennen, und litten daher ihr Elend in relativer Unbedarftheit, indem sie womöglich auftauchende Bedenken von einer mythischen kosmischen Elternfigur stillen ließen. *Dieser* Bund mußte gebrochen werden.

Sie sind in der Tat noch immer in der Hölle gefangen, wie es auch ihre Vorgänger waren, aber die postmythischen

Männer und Frauen haben wenigstens zu guter Letzt ihre kindlichen Bilder von der Gottheit als einer schützenden Elternfigur über Bord geworfen, einer Elternfigur, die über jeden ihrer Schritte greinte, sich ihre ganzen Wunscherfüllungen anhörte, jedes Unsterblichkeitsprojekt absegnete, zu ihren magischen Gebeten tanzte. Die postmythischen Männer und Frauen wurden nicht aus Eden hinausgeworfen; sie wurden erwachsen und gingen hinaus, und indem sie jetzt in einem gewissen Maß die rationale und persönliche Verantwortung für ihr eigenes Leben übernehmen, sind sie gerüstet für die nächste große Transformation: den Gott im Innern, nicht den Vater im Äußern.

4. Schließlich ist Bellah noch der Ansicht, daß die Religion, anders als die Wissenschaft, keinen verifizierbaren (überprüfbaren) kognitiven Wahrheitsanspruch besitzt. Ich kann dem durchaus nicht zustimmen, und zwar aus den im Kapitel 6 vorgebrachten und im Kapitel 9 noch einmal erörterten Gründen.

C. Anthony und Robbins

Dick Anthony und Thomas Robbins haben sich unlängst daran gemacht, das zu korrigieren, was sie als einige der Schwächen und Widersprüche in Bellahs Theorien betrachten, hauptsächlich indem sie den symbolischen Realismus durch den Strukturalismus ersetzen (oder mit diesem ergänzen), genauer gesagt, durch einen Strukturalismus nach dem Vorbild von Chomskys Tiefen- und Oberflächenstrukturen.

Ich sympathisiere ganz klar mit der Hauptstoßrichtung ihrer Arbeit und kann sie in ihren allgemeinen Grundzügen mit Begeisterung empfehlen. Hier möchte ich lediglich ein paar kleine Verbesserungsvorschläge zu ihren Ausführungen im Licht unserer bisherigen Erörterung machen.

1. Anthony und Robbins[3] beginnen damit, daß sie Bellahs Auffassung von Religion, wonach diese ein universelles und nicht reduzierbares *Faktum* menschlichen Daseins ist, zu einem Anfang auf dem Weg zu einer lang gesuchten Aufstellung »universeller, der Religion wesenseigener Strukturprinzipien« erklären, das heißt: »Der symbolische Realismus scheint eine fundamentale Einheit aller Religionen auf einer Tiefenebene zu implizieren.« Sie weisen jedoch darauf hin, daß Bellah es unterläßt, sorgfältig zu unterscheiden zwischen den Tiefenstrukturen einer solchen Universalreligion, die überall invariant und ahistorisch wären, und den Oberflächenstrukturen der Religion, die überall variabel und kontingent wären. Folglich stellen sie fest: »Bellahs jüngste Arbeit hat zwei Trends herausgestellt, die einander auf den ersten Blick zu widersprechen scheinen. In seinen metatheoretischen Aufsätzen hat er die Uniformität betont, die scheinbar verschiedenartigen religiösen Traditionen und Epochen zugrunde liegt. In seiner faktischen Beschreibung konkreter Religionssysteme jedoch hat Bellah die Notwendigkeit religiöser Veränderung [und] religiöser Evolution betont...« Anthony und Robbins meinen dann, daß »die offenbaren Widersprüche zwischen diesen Positionen deshalb auftreten, weil Bellah den Unterschied zwischen der Oberflächenstruktur und der Tiefenstruktur der Religion nicht explizit gemacht hat. Wenn er die Ähnlichkeiten in Religionen unterschiedlicher Kulturen und Epochen betont, hat er dabei das im Auge, was man eigentlich die Tiefenstruktur der Religion nennen sollte. Wenn er sein Augenmerk auf die Veränderungen in der Religion entsprechend den sich wandelnden psychologischen, soziologischen und ökonomischen Bedingungen richtet, beschreibt er Oberflächenstrukturen.«

Wie überzeugend das Argument mit den Tiefen- und Oberflächenstrukturen auch ist (wir werden gleich recht enthusiastisch darauf zurückkommen), so ist das Versäumnis, diese Unterscheidung zu treffen, nicht primär die Ursache der »offenbaren Widersprüche« in Bellahs Arbeit. Es stimmt, daß Bellah diese wichtige Unterscheidung nicht explizit trifft, aber *vor* dieser Unterlassung kommt meiner Meinung nach das fundamentalere Fehlen der Unterscheidung zwischen legitimen und authentischen Religionen, die *beide* ihre repräsentativen Tiefen- und Oberflächenstrukturen haben. Beispielsweise gibt es die Tiefenstruktur magischer Religion (gekennzeichnet durch eine Verwechslung von Symbol und Symbolisiertem, Verdichtung, Verschiebung usw.), und es gibt faktische Oberflächenmanifestationen magischer Religion (Voodoo hier, naturhafter Animismus dort, Bön-Religion hier usw.). Es gibt die Tiefenstruktur ursächlicher Religion (gekennzeichnet durch nichtmanifeste Versenkung, Identität von Selbst und absolutem Grund usw.), und es gibt faktische Oberflächenmanifestationen ursächlicher Religion (Zen, Vedanta, Eckhart usw.). Das gleiche gilt für jede Gruppe. Wenn diese Ebenen struktureller Realisation nicht zuerst unterschieden werden, dann kann jede bloß legitime Religion mit genuin authentischer Religion verwechselt werden, und die *Dynamik* der Legitimität kann gleichfalls mit der *Dynamik* der Authentizität verwechselt werden. Das also, was auf jeder Ebene des Existenzspektrums auftritt (allgemeines oder allgegenwärtiges Bedürfnis nach Mana, Sinn), kann mit dem verwechselt werden, was spezifisch die *höheren* Ebenen des Spektrums definiert (tatsächliche universelle Mystik), mit dem Ergebnis, daß dasjenige, was wir mit »Tiefe« oder »Oberflächlichkeit« von Strukturen meinen, von Anfang an verdreht wird, meistens indem man »tief« in der Bedeutung von authentisch (oder mystisch) und »oberflächlich« in der Bedeutung von legitim verwendet, anstatt zu sehen, daß authentische Religionen Tiefen- und Oberflächenstrukturen besitzen, legitime Religionen Tiefen- und Oberflächenstrukturen besitzen und die zwei sich nicht unbedingt überschneiden.

Ich möchte als ein korrelatives Beispiel Maslows Arbeit über die Hierarchie der Bedürfnisse anführen, welche da sind: physiologische Bedürfnisse (materiell), Sicherheitsbedürfnisse (magisch-körperschützend), Zugehörigkeitsbedürfnisse (mythische Zusammengehörigkeit), Selbstachtungsbedürfnisse (rational-reflexiv), Selbstverwirklichungsbedürfnisse (übersinnlich) und die Selbsttranszendenzbedürfnisse (feinstofflich-ursächlich).[61] Nun können wir sagen, *Bedürftigkeit ist universell* oder allgegenwärtig, was natürlich stimmt, weil sie auf *allen* Ebenen auftritt. Aber diese »universelle Bedürftigkeit« darf nicht verwechselt werden mit *dem* Bedürfnis nach universell-mystischer Selbsttranszendenz, das auf den *höchsten* Ebenen auftritt. Desgleichen, wenn wir Religion als Sinnbedürfnis definieren (Rd-2), dann ist sie selbstverständlich universell und tritt als Manasuche auf allen Ebenen auf, und wir können nunmehr untersuchen, was auf allen Ebenen *gutes* Mana ausmacht (Rd-8), um so die tatsächliche *Dynamik* und möglichen ebenenübergreifenden funktionalen Invarianten der Legitimation selbst ausfindig zu machen. Aber wenn wir, wie Anthony und Robbins es richtig tun, dem Wort »Religion« irgendwie *auch* die Bedeutung von authentisch oder universell-mystischer Vereinigung (und *Philosophia perennis*) geben wollen, dann sind nur die höchsten und transzendenten Ebenen direkt betroffen.

Dies sind zwei völlig verschiedene (aber gleich wichtige) Formen »universeller Religiosität« oder »universeller, der Religion wesenseigener Strukturprinzipien«, hauptsächlich weil sie zwei grundverschiedene Religionsformen (Rd-2 und Rd-1) und korrelative Geltungsskalen (Rd-8 und Rd-9, Legitimität und Authentizität) widerspiegeln. Die erstere ist eine Universalität aller Religionen mit gutem Mana auf

einer tiefen Ebene, wobei »tiefe Ebene« hier die funktionalen Ähnlichkeiten und die Dynamik aller legitim integrativ-
horizontalen Translationen meint. Die letztere ist eine
»transzendentale Einheit«, wie sie nur von denjenigen
ziemlich seltenen Untergruppierungen gewisser Religionen
erreicht und geteilt wird, die tatsächlich eine authentisch
mystische oder *esoterische* Ebene bzw. die überbewußte
Sphäre im allgemeinen pflegen; dies ist es, was gelehrte
Vertreter der *Philosophia perennis* mit dem Ausdruck
»transzendente Einheit der Religionen« meinen. Bellahs
Werk befaßt sich im wesentlichen mit der ersteren, dem
legitimen Mana und den legitimen Unsterblichkeitssymbolen (ich glaube, deshalb äußert er sich so anerkennend über
die Werke Norman O. Browns). Anthony und Robbins
möchten der letzteren, der authentischen mystischen Religion, mehr expliziten Raum geben, aber indem sie es
unterlassen, legitim und authentisch explizit zu unterscheiden, versuchen sie im allgemeinen, die erstere zu einer
Oberflächenstruktur der letzteren als Tiefenstruktur zu
machen. Sie übersehen infolgedessen die Möglichkeit, daß
Mystik per se (panenhenische, theistische oder monistische)
die Tiefenstruktur ist, deren Oberflächenstrukturen *nur* die
authentischen Religionen sind (die des Yogi, des Heiligen
oder des Weisen). Denn meiner Meinung nach ist die
wirkliche Mystik ebenso wenig die Tiefenstruktur etwa der
Zivilreligion, wie das Selbsttranszendenzbedürfnis die Tiefenstruktur etwa der Sicherheitsbedürfnisse ist.

Mit anderen Worten, Anthony und Robbins verbessern
Bellahs Gedanken beträchtlich, indem sie in seine Darlegungen Tiefen- und Oberflächenstrukturen einführen, aber
sie neigen dazu, seine Verwechslung legitimer und authentischer Religion einfach zu reproduzieren, die Verwechslung
von legitimem Mana auf jeder Ebene mit authentischem
Mana auf den mystischen Ebenen, die Verwechslung von

universellen funktionalen Invarianten guter Integration mit universeller mystischer Integration. Sie nehmen dann die Tiefenstruktur authentischer Mystik (oder göttlicher Immanenz), und anstatt ihr ihre eigenen *authentischen* Oberflächenstrukturen zuzuweisen, weisen sie ihr alle bloß *legitimen* Oberflächenstrukturen von jeder niedrigeren Ebene zu, einerlei, wie gänzlich es diesen ansonsten auch an Authentizität mangelt. Auf der gleichen Linie liegt es, wenn sie z. B. sagen: »Der Maoismus weist gewisse universelle Merkmale traditioneller Religionen auf (und *ist* somit eine Religion in unserem Sinne), der russische Kommunismus dagegen nicht...«[3] Diese Merkmale, die der Maoismus angeblich besitzt, möchten Anthony und Robbins explizit mit der Tiefenstruktur »einer inneren Erfahrung der höchsten Wirklichkeit« verknüpfen.[3] Mit anderen Worten, die Tiefenstruktur authentischer Mystik soll der Oberflächenstruktur des legitimen Maoismus zugrunde liegen. Abermals halte ich es für offensichtlich, daß die Erfahrung des Maoismus und die Erfahrung des Samadhi nicht wie Oberflächen- und Tiefenstruktur zusammenhängen, sondern wie zwei ganz und gar verschiedene Strukturierungsebenen. Besser wäre es, den Maoismus als eine *legitime* Religion (Oberflächenstruktur) auf mythischer bis rationaler Ebene (Tiefenstruktur) zu bezeichnen, während der russische Kommunismus noch immer um eine ähnliche Legitimität auf derselben Ebene ringt, aber *keiner* von beiden ist eine *authentische* Religion wie beispielsweise Vedanta und Zen, die zwei unterschiedliche, aber mehr oder weniger legitime Oberflächenstrukturen (in Indien bzw. Japan) *derselben* Tiefenstruktur auf ursächlicher Ebene sind.

Gleichzeitig kann man alle Arten *legitimer* Religion, ob authentisch oder nicht, miteinander vergleichen – etwa Maoismus, amerikanische Zivilreligion, Vajrayana im vorkommunistischen Tibet, exoterischen schiitischen Islam –, um auszumachen, was sie als gute Integratoren von Gesellschaften gemein haben (»Tiefenstruktur« in einem gänzlich anderen Sinne), und so die Dynamik und die grundlegenden funktionalen Invarianten »gesunder« Religion zu entdecken und zu benennen. Ich habe bereits die Auffassung geäußert, daß eine solche Dynamik die Erzeugung von gutem Mana und Tabuvermeidung (durch Sinneinheiten und Unsterblichkeitssymbole) einschließen würde. Solche »Tiefenstrukturen« wären in ihrer potentiellen Form wahrscheinlich auch naturwüchsig, wie für translatorische Potentiale im Kapitel 4 erläutert. Authentizitätsmangel würde dann mit einem Mangel an *transformatorischer* Symbolik zusammenhängen, Legitimitätsmangel mit einem Mangel an adäquater *translatorischer* Symbolik, der seinerseits zum Teil mit einem Fehler in der Transkription bzw. der adäquaten Ausspeicherung der auf der bestimmten Ebene verfügbaren Potentiale zusammenhinge.

Fassen wir zusammen: Wenn die Unterscheidung tief/oberflächlich ohne die vorherige Unterscheidung authentisch/legitim getroffen wird, dann ist eines der Ergebnisse daraus, daß die *authentische* Mystik als die Tiefenstruktur erscheinen kann, von der alle niedrigeren und rein *legitimen* Religionen angeblich Oberflächenstrukturen sind, statt daß man erkennt, daß jede Ebene ihre eigenen Tiefen- und Oberflächenstrukturen hat, daß Oberflächenstrukturen auf jeder Ebene legitim oder illegitim funktionieren können, daß sich die authentische mystische Vereinigung nur auf den höchsten Ebenen manifestiert und daß die Tiefenstrukturen dieser mystischen Ebenen – der übersinnlichen, der feinstofflichen, der ursächlichen – als Oberflächenstrukturen nur die Religionen haben, von denen sie auch herbeigeführt werden – die des Yogi, des Heiligen, des Weisen.

2. In einem wichtigen Aufsatz (»Ein phänomenologisch-strukturalistischer Ansatz zur wissenschaftlichen Religions-

forschung«[2]), dessen Verdienste ich gleich hervorheben werde, spricht Anthony noch einmal von einer »Konvergenz auf *universelle Mystik* gerichteter Evidenzlinien als Datenbasis für die Tiefenstrukturkomponente... einer zweischichtigen [tief/oberflächlich] strukturalistischen Religionstheorie«. Nun haben wir bereits dargelegt, daß universelle Mystik *nicht* die Tiefenstruktur legitimer Religionen der niedrigeren Ebenen ist, etwa von Magie-Voodoo, exoterischer mythischer Religion, Maoismus, Zivilreligion, denn sie nehmen sich als Tiefenstruktur die inneren Regeln und Muster, die die jeweilige (niedrigere) Ebene struktureller Adaption, auf welche sich ihre Existenz gründet, definieren und regieren.

Aber, und das möchte ich in diesem Abschnitt eigens hervorheben, selbst wenn wir begreifen, daß wirkliche Mystik die Tiefenstruktur nur authentischer religiöser Erfahrung-Adaption ist, müssen wir immer noch darauf achten, daß wir die hierarchischen *Typen* mystischer Vereinigung differenzieren. Es gibt, wie wir gesehen haben, wenigstens drei oder vier Typen, und jeder hat eine *Tiefenstruktur* (die übersinnliche, feinstoffliche, ursächliche oder allerhaben), die mannigfachen *Oberflächenstrukturen* zugrunde liegt: denen authentischer religiöser Symbolik (z. B. Tundra-Schamanismus, mosaisches Judentum, Vedanta-Hinduismus, Maha-Ati-Vajrayana), denen authentischer religiöser Praxis (z. B. Hatha-Yoga-Erweckung, Shabd bzw. inneres Beten-Kontemplieren, Jnana-Erkenntnis bzw. völlige Versunkenheit im Herzen und Sahaja bzw. spontane Identität mit dem Allerhabenen) und denen authentischer mystischer Vereinigung (der panenhenischen, der theistischen, der monistischen, der nichtdualen).

Ich selbst habe das Gefühl, daß sogar diese Vier-Ebenen-Hierarchie bald durch eine viel komplexere ersetzt werden wird, die bis zu einem Dutzend diskreter Entwicklungsstrukturen enthält. Aber in jedem Fall ist die alte Vorstellung, es gäbe nur zwei Typen oder Ebenen von Religion – die exoterische, die überall anders ist, und die esoterische, die überall identisch ist –, ungefähr so genau, wie wenn man sagen wollte, es gäbe zwei Formen mentaler Kognition, die primäre und die sekundäre. Diese frühe Freudsche Unterteilung ist soweit akzeptabel, aber wir können viel präziser sein: z. B. mit Piagets Beschreibung von vier Strukturen-Stufen, die natürlich genau eine Verfeinerung von der Art ist, wie ich sie mir für die exoterischen *und* die esoterischen Religionen erwarte.

Aber der wahre Grund, weshalb ich Anthonys Aufsatz erwähne, ist der, daß ich ihn, abgesehen von diesen kleinen Verbesserungsvorschlägen, für vollgepackt halte mit allen richtigen Erkenntnissen und Vorschlägen für eine allgemeine strukturalistische Auffassung von Religion. Es ist nicht notwendig, daß ich seine Leistungen dazu hier lediglich wiederhole; ich rate dem Leser, den Aufsatz selbst nachzulesen, denn die Kernpunkte seiner Vorschläge gehören sicherlich zu denen, die es in eine wohlabgerundete Auffassung von Religion aufzunehmen gilt.

3. Die von mir vorgeschlagenen Verfeinerungen könnten es uns auch gestatten, den Gedanken zu zerfleddern, daß sich in der Religionsgeschichte nur Oberflächenstrukturen verändern, während Tiefenstrukturen überall monolithisch bleiben. Es stimmt wohl, daß eine Tiefenstruktur an sich ahistorisch ist, aber sie *entsteht* im Laufe der Geschichte, und wir können diesen revolutionär entstehenden Bildungen nachgehen. Wenn man andererseits annimmt, daß es nur *eine* grundlegende Tiefenstruktur der Religion gibt, dann muß man natürlich auch davon ausgehen, daß diese Tiefenstruktur von der frühesten religiösen Äußerung an bestanden hat, und so wird die ganze Religionsgeschichte als bloßes Herumschieben verschiedener Oberflächenstruktu-

ren um diese »einzige«, »universelle« Tiefenstruktur dargestellt. Doch wenn wir einmal erkennen, daß es vier oder
mehr bedeutende Tiefenstrukturen authentischer Religion
geben könnte (von den exoterischen Religionen ganz zu
schweigen), dann wird es mehr als wahrscheinlich, daß die
Geschichte der Religion nicht nur aus der Evolution von
Oberflächenstrukturen, sondern auch aus der Revolution
der Tiefenstrukturen besteht.

Anders ausgedrückt, die meisten Religionen scheinen im
Laufe ihrer Geschichte verschiedene *Legitimationskrisen*
durchzumachen, meistens ausgelöst durch rivalisierende
Oberflächenstrukturen. Aber mitunter kann eine bestimmte Religion eine Krise durchmachen, die sich zu einer
Authentisationskrise auswächst: Entweder ihr mißlingt die
tatsächliche *Transformation*, die sie verheißen hat, oder sie
sieht sich einer Religion gegenüber, die die Transformation
auf eine höhere Ebene insgesamt durchzuführen vermag.
Beispielsweise scheint es im Abendland zu wenigstens zwei
solcher bedeutsamen Transformationen gekommen zu
sein[105]: (1) die Transformation von einer etwas rohen yo-
gisch-schamanistischen und panenhenischen Gottesverehrung zu einem wahrhaft feinstofflichen und heiligenmäßigen
Engagement, dessen Inbegriff vielleicht Mose ist, der der
Sage nach vom Berg Sinai herabstieg, um solche »Naturver-
ehrung« direkt anzugreifen; und (2) die Transformation von
der mosaischen heiligenmäßigen Gottesverehrung zur ursächlichen Identität, deren Inbegriff Christus ist oder al-
Halladsch, die beide ermordet wurden, »weil du, der du
doch ein Mensch bist, dich als Gott ausgibst«.

Diese religionstransformierenden Krisen und Konflikte
sind, wie ich glaube, einfach eine Unterform dessen, was auf
jeder Entwicklungsstufe geschieht, wenn eine neue und
höhere Struktur entsteht, um die frühere und niedrigere zu
ersetzen und zu subsumieren. Mir geht es schlicht darum,

daß wir beim Studium der religiösen Entwicklung (als einer Unterform allgemeiner Entwicklungsprinzipien) empfänglich sind für die Differenzen in der geschichtlichen Dynamik zwischen Oberflächenstrukturrivalitäten und Tiefenstrukturrevolutionen, zwischen Legitimationskrisen und Authentisationskrisen.

D. Die neuen Religionen

Es gibt jede Menge Literatur, die sich mit den neuen religiösen Bewegungen in Amerika befaßt; sie scheinen die Feuerprobe für eine soziologische Theorie zu sein. In diesem Abschnitt werde ich die Theorie transzendentaler Soziologie in Umrissen anwenden.

1. Wir können wiederum mit Bellahs Werk anfangen, denn ich meine, daß seine Analyse der amerikanischen Zivilreligion überzeugend ist. Ich bin nicht damit einverstanden, daß sie eine authentische Religion war, aber sie scheint mir ganz klar eine legitime Religion gewesen zu sein: Sie erbrachte auf der Ebene mythischer Zusammengehörigkeit gutes Mana und bot problemlos eine Fülle von Unsterblichkeitssymbolen. Nach Bellah (und anderen) erlitt die amerikanische Zivilreligion in den sechziger Jahren einen verhängnisvollen Blutsturz, und die neuen Religionen in ihren unterschiedlichen Formen sind großenteils das Ergebnis. Im folgenden – dem Rest dieses Abschnitts D, 1 – stelle ich dar, was *meiner Meinung nach* geschah.

Der alte zivilreligiöse Bund traditioneller Zusammengehörigkeit stand wegen zunehmender Rationalisierung und daraus folgender (gesunder) Entmythologisierung bereits unter Druck; was ihm an Legitimation verblieben war, wurde schließlich unter dem vereinigten Ansturm radikaler Studentenpolitik, postkonventioneller Rationalität, Viet-

nam, alternativer (östlicher) spiritueller Epiphanien, ökonomischer Probleme und einer allgemeinen Abwirtschaf-
tung des amerikanischen Nationalismus zerbrochen. Als der
alte Bund (Translation) schließlich zerfiel, entstanden daraus *drei getrennte Entwicklungslinien*, die bereits zu einem
gewissen Grad vorhanden waren, aber jetzt unverhüllt und
beschleunigt hervortraten:

a. Der Sektor der anhaltenden säkularen Rationalisierung, der sich mittlerweile die Universitäten, die Medien,
die meisten zentralen politisch-technischen Steuerungsent-
scheidungen, die Intelligenz und die Weltanschauung der
meisten gebildeten Liberalen unterworfen hat.

b. Ein sehr kleiner Sektor von Menschen, die bereits in
einer Atmosphäre zunehmenden rationalen Säkularismus
aufgewachsen und mehr oder weniger daran angepaßt waren und die nun nach eigentlicher yogischer Strukturierung
zu suchen bzw. diese tatsächlich zu entwickeln begannen.
Interesse an östlichen yogischen und meditiativen Disziplinen, christlicher Mystik und gewissen neuen Formen intensiver Psychotherapie bezeugten ein Verlangen nach einer
solchen transrationalen Sättigung. *Jedoch* nicht alle, nicht
einmal die meisten der an den »neuen Religionen« interessierten Individuen waren authentisch bereit zu wirklicher
transrationaler und yogischer Adaption, weil

c. der zerbrochene Bund einen großen Sektor der Bevölkerung unvorbereitet traf und außerstande, zu verantwortli-
cher, postmythischer, rationaler Individualität zu transformieren (ganz zu schweigen von transrationaler yogischer
Disziplin). Dies wurde noch verschärft durch die unbestrit-
tene Tatsache, daß der (horizontale) Entwicklungsverlauf
rationaler Individuation sein integratives Potential selbst
nicht ausschöpfen konnte: Er erbrachte nicht das gute
Mana, zu dem er strukturell imstande wäre. So wurde eine
beträchtliche Anzahl von Individuen aus den verschieden-

sten Gründen der rational-individuellen Gesellschaft entfremdet, die zwar rasch, aber auf prekäre Weise entstand. Auf der Suche nach einer Art von legitimem Mana (integrativer Wahrheit) fanden manche dieser Individuen regressiven Trost in verschiedenen prärationalen Unsterblichkeitssymbolen und mythologischen Ideologien. Diese waren zum Großteil von zweierlei Art:

(1) Fundamentalistische mythische Religion: ein neuer Aufschwung exoterischer protestantischer Mythologie samt wilder Proselytenmacherei, evangelistischem Aperspektivismus, ödipalen Unsterblichkeitssymbolen (»vom Vater errettet«), patriarchalischem Sexismus und Autoritätshörigkeit. Dieser zum Großteil aus Rechtgläubigen bestehende Sektor wollte im wesentlichen den zerbrochenen Bund wieder kitten.

(2) Kultische »New-Age«-Religionen, etwa die Mun-Anhänger (»Moonies«), Hare Krishna, »Jesus freaks« usw.; sie sind in der Tiefenstruktur im wesentlichen *identisch* mit der fundamentalistischen mythischen Religion der Evangelischen, aber ihre drastisch anderen Oberflächenstrukturen haben den entscheidenden Vorteil, daß sie es einem in solchen Kulten ermöglichen, Abneigung gegen die rationale Gesellschaft *und* die eigenen Eltern auszudrücken, falls diese bereits ihre Abneigung gegen Rationalität durch mythische Erweckungsbewegungen zum Ausdruck bringen sollten. Indem man sich wie ein Hindu zurechtmacht, kann man sowohl seine Mißbilligung der Gesellschaft im ganzen grell zur Schau tragen als auch den eigenen fundamentalistisch-christlichen Eltern wirklich eins auswischen; besser noch, man macht sich wie Jesus Christus zurecht.

Ich will damit einfach sagen, daß »die« neuen Religionen in Wirklichkeit wenigstens zwei grundverschiedene strukturelle Zelebrationen enthalten: einerseits transrational und andererseits prärational. Jene ist primär (aber nicht nur) eine Manifestation der anhaltenden postrationalen Entwicklung, vertikalen Transformation und höheren Strukturierung, während diese zum Großteil (aber nicht nur) ein Produkt des Mißlingens der rationalen Indivuduation (das zutage trat, als der Bund zerbrach) und eine Regression/Fixierung auf prärationale, mythische und mitunter sogar archaisch-magische (Manson, Jim Jones) Ebenen ist, die strukturell im Hintertreffen sind.[102]

2. Bleibt noch die mögliche Rolle, die der authentische mystische Sektor (»b« oben) bei wirklichen gesellschaftlichen Transformationen im großen Maßstab spielen könnte. Denn unser allgemeines Paradigma revolutionärer (nicht bloß evolutionärer) Veränderung sieht wie folgt aus: Die gegenwärtige Translation beginnt, ihren besänftigenden, phasenspezifischen integrativen Aufgaben nicht mehr nachzukommen, d. h. ihre Sinneinheiten beherrschen nicht mehr den Alltagsverstand; zu viele ihrer Unsterblichkeitssymbole haben auf schockierende Weise Schaden erlitten (Tod); strukturelle Spannungen nehmen allmählich zu und treiben das System in Unruhen und Wirren; die Struktur fängt schließlich an, sich zu lockern und abzubröckeln; wenn es im alten translatorischen Repertoire keine lebensfähigen Samenkristalle gibt, regrediert das System entweder auf niedrigere Formen oder zerfällt völlig; wenn es lebensfähige Samenkristalle gibt, dann werden die strukturellen Spannungen absorbiert und durch diese Kristalle kanalisiert, und das System als ganzes entkommt seinen Konflikten auf eine höhere Ebene struktureller Organisation und Integration. Die alte Translation stirbt ab; es kommt zur Transformation; neue und höhere Translationen werden geboren.

Wo also nach diesen Samenkristallen suchen? Wo sind die Enklaven und Vorboten zukünftiger Transformation? Definitions- und paradigmagemäß sind sie am ehesten in den Sektoren zu finden, die jetzt von der Legalität und den

»Legalen« der gegenwärtigen Translation für »exlegal« erklärt werden. Robbins und Anthony[77] zitieren Tiryakian:

»Wenn wir die Auffassung akzeptieren, daß soziale Revolutionen im wesentlichen eine fundamentale Neuordnung
der Sozialstruktur beinhalten, und wenn wir die Annahme
akzeptieren, daß die Sozialordnung von den Mitgliedern des
Kollektivs im wesentlichen als ein moralisches Phänomen
betrachtet wird, dann muß sich in der gesellschaftlichen
Veränderung eine neue Quelle der Moral auftun, und zwar
eine, die sowohl das bestehende System desakralisiert als
auch den Weg für die Akzeptierung einer neuen Ordnung
bereitet. (Dies ist der Tod-und-Wiedergeburt-Aspekt sozialer Revolutionen [wir haben diesen Tod/Wiedergeburt-
Aspekt aller Transformationsformen bereits untersucht;
siehe Kapitel 4, C].) Da die etablierte Religion einen
Kompromiß mit den weiter um sich greifenden säkularen
Institutionen darstellt, ist die einzige andere mögliche Her-
berge revolutionären Denkens, wie unwissentlich auch immer, der nichtinstitutionalisierte religiöse Sektor . . .«

Daher, so folgert Tiryakian, »können wichtige gedankli-
che Komponenten der Veränderung (d. h. Veränderungen
im sozialen Bewußtsein der Wirklichkeit) oft den nichtinsti-
tutionalisierten (»exlegalen«) Gruppen oder Sektoren der
Gesellschaft entstammen, deren Wirklichkeitsparadigmen
in bestimmten historischen Momenten zu denjenigen werden können, welche die institutionalisierten Paradigmen
ersetzen und ihrerseits zu neuen Gesellschaftsmodellen
werden.«

Ich glaube, daß solche Aussagen stimmen, aber es wäre
hilfreich, wenn sie spezifischer sein könnten. Denn man
beachte, daß, obwohl alle zukünftigen Wahrheiten heute
(per definitionem) im Exlegalen liegen, nicht alles Exlegale
wahrhaftig ist (genau wie in der Wissenschaft nur die
Theorien, die heute absurd erscheinen, die Wahrheiten von

morgen sein *können*, aber nicht alle absurden Theorien deshalb wahr sind – die meisten sind in der Tat morgen genauso absurd wie heute). Desgleichen mit sozialen »Absurditäten«: In der Gruppe allgemeiner Exlegaler in jeder Gesellschaft gibt es Prälegale, Kontralegale und Translegale, und offenbar ist ihr Einfluß auf soziale Revolutionen völlig verschieden.

Prälegale sind solche Individuen, die aus den verschiedensten Gründen nicht zur erwarteten Durchschnittsebene struktureller Adaption einer bestimmten Gesellschaft aufsteigen können oder wollen. Sie landen oft entweder im Gefängnis (als offenkundige Antilegale) oder in der Heilanstalt, obwohl ihre präkonventionelle Strukturierung häufig hinreichend gutartig ist, und sie einfach – ich finde keine bessere Metapher – die Prise Salz im gesellschaftlichen Eintopf sind. Aber es sollte angemerkt werden, daß die *meisten* der Lehren und Praktiken, die sich »esoterisch« oder »okkult« nennen, meiner Meinung nach prälegal sind; sie sind notdürftig rationalisierte Magie, *nicht* übersinnlich und *nicht* heiligenmäßig. Astrologie, Tarot, »Magick«, Voodoo, feierliche Rituale und dergleichen folgen großenteils genau der Tiefenstruktur der Kognition, wie sie der Magie und dem Primärvorgang eigen ist, und sie sind – neben anderen Formen prälegalen, präkonventionellen Bewußtseins – *keine* Samenkristalle der Zukunft, es sei denn, diese Zukunft hieße Regression.

Kontralegale stellen den größten Anteil dessen, was man vage »Gegenkultur« nennt. Nicht prälegal und nicht translegal, ist die Kontralegalität das exakte Spiegelbild der bestehenden Legalität. Sie zeichnet sich weitgehend durch eine Halbwüchsigenmentalität aus, die in einer phasenspezifisch durchaus angemessenen Art versucht, individuelle Identität dadurch herzustellen, daß man jede Facette der bestehenden Legalität aufgreift und entweder ihr genaues *Gegenteil* ausagiert (z. B. produziert die Kurzhaargesellschaft die langhaarige Gegenkultur) oder ihre genaue *Karikatur* (beweise, daß du es kannst und folglich davon unabhängig bist, indem du »dick aufträgst«, wenn dies auch anfänglich ein unbewußtes So-tun-als-ob ist und daher mit fürchterlichem Ernst vollzogen wird; z. B. Mama und Papa saufen, ich werde ein Säufer). Wird eine von diesen Tendenzen überzogen, dann wird der Kontralegale zum Antilegalen (und kommt in der Regel ins Gefängnis). Im allgemeinen jedoch gilt die Bemerkung von Marin: »Die Gegenkultur läßt sich beschreiben als der tribalisierte, ritualisierte Spiegel der nationalen Kultur.«[59]

Man beachte vor allem, was geschieht, wenn Kontralegale mit authentischen yogisch-heiligenmäßigen Religionen bekannt werden; in dem Fall nämlich werden diese Disziplinen lediglich in den Horizont des Kampfes um Adaption an die Halbwüchsigenrationalität (d. h. die Gegenkultur) transferiert. Solche ansonsten authentischen Disziplinen verkörpern dann letzten Endes karikaturhaft alle herrschenden Werte der bestehenden Gesetze und Translationen der Gesellschaft. In diesem besonderen Fall gilt: »Neue spirituelle Strukturen wie die Gegenkultur der sechziger Jahre stellen die herrschenden kulturellen Strukturen nicht wirklich in Frage oder verhalten sich antithetisch zu diesen, sondern reflektieren vielmehr diese Strukturen und gestalten sie aus, einschließlich des Konsumverhaltens, des Individualismus, des spirituellen Privatismus und eines Fetischismus der ›Techniken‹.«[77] Kontralegale können authentische spirituelle Praktiken nehmen und sie in karikaturhafte Reizmittel verwandeln, die, wie Bellah sagt, »so selbstzentriert sind, daß das Ganze fast schon den Anschein von Konsumenten in einer Cafeteria macht«.[78]

Das soll nicht heißen, daß diese kontralegalen Bewegungen deshalb trivial sind; sie sind nicht transformatorisch, aber sie scheinen eine nützliche Funktion für die *bestehende* Gesellschaft zu erfüllen: Sie fördern und stabilisieren die gegebenen Translationen der Gesellschaft, indem sie es ihren Mitgliedern, besonders denen im Halbwüchsigenstadium, gestatten, sich ihre herrschenden Werte zu eigen zu machen und dabei zugleich anders zu sein, wodurch sie die notwendige Sozialisation und Individuation in einem leisten. Indem die Gesellschaft theoretisch ihre Kontralegalen herausfallen läßt, schluckt sie sie faktisch. Mehr als ein Sozialforscher wurde durch sein Unvermögen, diesen elementaren Punkt zu erfassen, dazu verleitet, Kontralegale fälschlich für Translegale zu halten und das Aufblühen Amerikas, das neue Wassermannzeitalter und ähnliches zu proklamieren.

Bis jetzt haben wir die Prälegalen und die Kontralegalen (und möglichen Antilegalen) besprochen: Die Prälegalen sind ein relativ regressiver Sektor von Menschen, die entweder auf niedrigeren Ebenen struktureller Organisation als der gegenwärtigen, erwarteten Durchschnittsebenen gesellschaftlicher Translation gefangen sind oder diese ausschlachten. Ihre Wirkung ist per se desintegrativ; jedoch in kleinen Mengen und vor allem in ihren gutartigeren Ausprägungen können sie zur translatorischen Gesamtintegration der Gesellschaft beitragen, indem sie Untergesellschaften bilden, die ihren eigenen Bedürfnissen entsprechen und daher die Zerrüttung von der Gesellschaft abwenden. Sollte dieser Sektor jedoch beträchliche Ausmaße annehmen, dann wird er im allgemeinen eine Quelle (oder ein Symptom) der »Dekadenz« (man kann es wohl nicht anders nennen), und wenn die Gesellschaft als ganze ihre Translationen auf höheren Ebenen beschwerlich findet, kann daraus ein echt desintegrativ-regressiver Trend resultieren. Das klassische Beispiel dafür ist offenbar Rom.

Die Kontralegalen dagegen sind für gewöhnlich der translatorischen Gesamtintegration der Gesellschaft dienlich, indem sie sich ihre fundamentalen Werte durch eine umgekehrte oder karikaturhafte Wiederholung zu eigen machen, die gleichzeitig den notwendigen Individuationsprozeß und die postkonformistische Moralbildung gestattet. Dies scheint die Grundlage für den Umschwung des Lebensstils zu sein, der mit jeder Generation stattfindet; Eisenhower-Eltern erzeugten studentische Radikale, die jetzt, da sie selbst Eltern sind, kleine Republikaner in die Welt setzen. Mitunter kann im Rahmen dieses Gegenschwungs eine günstigere Neuordnung der bestehenden Translationen folgen; Studentenproteste beispielsweise *sind* manchmal legitime Proteste.

Wichtig ist, daß weder Prälegale noch Kontralegale bedeutsame Sektoren tatsächlicher sozialer *Transformation* zu sein scheinen – nicht auf der Entwicklungsskala, die wir gerade erörtern. (»Translatorische Revolutionen« aller Art sind freilich auch möglich, vor allem im Bereich materieller Produktionsweisen, technologischer Innovationen usw. Sie beinhalten jedoch nicht unbedingt tatsächliche Transformationen der Bewußtseinsstrukturen.) Wenn tatsächliche soziale Transformationen im allgemeinen aus einem zur Zeit exlegalisierten Sektor kommen, dann bleibt als einziger noch in Frage kommender der der yogischen Translegalen. Es wäre daher hilfreich, wenn wir genauer die Art von yogischen Samenkristallen bestimmen könnten, die die schließliche Transformation herbeiführen könnten, weil bloße Translegalität, wie authentisch auch immer, noch keine Gewähr dafür bietet, daß man der letztlich *legitime* Katalysator einer bestimmten Transformation ist.

Vielleicht können wir mutmaßen, wo wir die entscheidenden zukünftigen Katalysatoren finden werden, indem wir uns die Struktur-Stufe anschauen, die sie einmal ersetzen werden. Denn bevor eine wahre yogische Transformation stattfinden kann, muß die rational-individuelle Gesellschaft meiner tiefsten Überzeugung nach zuerst ihre volles Potential verwirklicht und die phasenspezifischen Wahrheiten, Werte und Substrukturen erbracht haben, für die sie geschaffen ist und von denen künftige Transformationen abhängen, etwa eine angemessene Technologie, eine erstklassige medizinische Versorgung, Telekommunikation als globale Verbindung durch einen globalen Perspektivismus, Einrichtung von Computerkontaktflächen als eine Ausweitung des Mentalen und vor allem eine Entmythologisierung der Wirklichkeit, des Göttlichen und des Bewußtseins.

Daraus folgt, daß die ersten Transformationstrends *im großen Maßstab* meiner Meinung nach durch diejenigen aufkommen werden, welche diese rational-individuiert-operative Basis bereits adäquat beherrschen. Denn yogische Erkenntnis kommt *durch* und dann aus der Sphäre der Vernunft, nicht etwa, indem man diese umgeht, flieht oder gegen sie angeht. Sie kommen von innen, diese Yogis. Sie haben vielleicht erstmals in ihrem kontralegalen Halbwüchsigenstadium mit yogischer Philosophie geliebäugelt, arrangieren sich aber später mit der Legalität und sind daher soweit gefestigt, um bewußt darüber hinauszugehen und nicht bloß unbewußt darauf zu reagieren.

Ob das esoterische, mystische, nichtfundamentalistische Christentum in der Lage sein wird, diese Transformation durchzuführen, oder ob es die vorhergehende notwendige Entmythologisierung und Ablegung seiner exoterischen, patriarchalischen, mystischen Gewänder überhaupt überleben kann, weiß ich nicht. (Wie dieses neue/erneuerte Christentum auszusehen hätte, findet sich vorzüglich geschildert in Jacob Needlemans *Lost Christianity*.) Aber ich bin ziemlich überzeugt, daß einer der Schlüssel zu der spezifischen *Art* zukünftiger Transformation in der *Oberflächenstrukturkompatibilität* liegt, d. h. in der Vereinbarkeit von alten und neuen Translationen, in einer *Legitimitätsabtretung* (alt und neu müssen soweit voneinander verschieden sein, daß von einer Transformation wirklich die Rede nicht sein kann, aber soweit ähnlich, daß die Leute den Mut fassen können, um gewissermaßen zu springen). Daher werden die neuen yogischen Translationen wahrscheinlich Oberflächenstrukturen haben, die mit früheren Oberflächenstruktursymbolisierungen kompatibel sind (und vielleicht mitunter direkte Fortsetzungen dieser). Beispielsweise behält die moderne Phase rationaler Individuation, wie verschieden sie ansonsten von der ihr vorausgehenden mystisch-christlichen Phase sei mag, eine Betonung des Persönlichen und Individuellen bei, was von Ursprung und Natur her eindeutig jüdisch-christlich ist (Gott liebt und schützt die individuellen Seelen; die individuelle Person ist hoch angesehen in den Augen des Herrn; Gott selbst ist eine große Person, desgleichen Sein Sohn, usw.).

Aufgrund dieser allgemeinen Notwendigkeit der Oberflächenstrukturkompatibilität glaube ich nicht, daß östliche Religionen in großem Maßstab als Vorbilder für die westliche Transformation dienen werden, wie bedeutsam sie sich ansonsten auch durch die von ihnen ausgehende Herausforderung erwiesen haben. Ihr Einfluß wird sicherlich beträchtlich sein, aber dergestalt, daß sie letztlich in die neue yogische Weltanschauung des Westens transferiert und assimiliert und nicht einfach en bloc transplantiert werden. Falls also die yogische Transformation nicht eine esoterisch-christliche ist, würde es mich nicht überraschen, wenn eine neue und spezifisch westliche Mystik entstünde, obgleich sie, was die Oberfläche anbelangt, mit christlicher Symbolik und rationaler Technik kompatibel wäre. (Ein dummes Beispiel, das ich aber bereits andernorts gehört habe: Yogische Meditation wird »eine Psychotechnik kontemplativer Liebe« genannt. Auf derselben Linie liegen drei Phänomene, deren Tiefenstruktur oft die des mystischen Impulses ist, aber deren Oberflächenstrukturen so beschaffen sind, daß sie ursprünglich fast nirgendwo anders als in Amerika hätten entstehen können: Biofeedback, weitverbreiteter LSD-Gebrauch und *A Course in Miracles* [Ein Wunder-Lehrgang]. Dies sind in mancher Beziehung authentische yogisch-heiligenmäßige Bestrebungen, die wegen ihrer *Oberflächenstrukturkompatibilität* mit der amerikanischen Technologie, der amerikanischen drogenorientierten Medizin/Kultur bzw. dem amerikanischen fundamentalistisch-protestantischen Glauben an magisches Beten sehr populär wurden.) Ich will damit einfach sagen, daß die neue westliche Mystik die ganzen anerkannten Sachen sagen, die ganzen anerkannten Symbole benutzen und die ganzen alten Wünsche ansprechen und dabei doch beginnen wird, die westliche Welt umzugestalten.

3. Die drei großen Stadien menschlicher Entwicklung – kindliche Unterbewußtheit, jugendliche Selbstbewußtheit und reife Überbewußtheit – zeichnen sich jeweils durch eine vorherrschende psychische Einstellung aus: passive Abhängigkeit, aktive Unabhängigkeit und aktiv passive Hingabe (sie verhalten sich zueinander wie These, Antithese, Synthese).[101, 93] In diesem Abschnitt soll klargestellt werden, daß die erste und die letzte Einstellung von Sozialwissenschaftlern oft verwechselt werden – eine Verwechslung, die zu gewissen irrigen Schlüssen hinsichtlich der Natur einer spirituellen Gemeinschaft führt.[102]

Passive Abhängigkeit ist einfach deshalb die Disposition des infantil-kindlichen Selbstsystems, weil dieses noch nicht genug entwickelt ist, um Verantwortung für den mannigfachen gegenseitigen Austausch seiner grundlegenden Manabedürfnisse (physiologisch, Sicherheit, Zugehörigkeit) übernehmen zu können. Es hängt existenziell von bestimmten gegenseitigen Austauschakten mit bestimmten Partnern ab: Mutter, Vater, wichtige andere. Die Beengtheit seines Lebensraums macht es besonders anfällig für traumatische Verschiebung, Spaltung, Fragmentierung, Dissoziation. Diese Entstellungen sind besonders bedeutsam für die zukünftige Entwicklung, weil sie (wie im Kapitel 3, B skizziert) dazu neigen, sich auf den höheren Ebenen struktureller Organisation mit deren Herausbildung und Konsolidierung zu reproduzieren. Wie bei einem in den Anfangsschichten einer Perle eingeschlossenen Sandkorn wird jede nachfolgende Schicht an einer Schwachstelle, die sich immerfort reproduziert, gefältelt und brüchig gemacht. Solche Schwachstellen betreffen bei dem jungen Selbstsystem vor allem sein Verhältnis zu Erziehungs- und Autoritätsfiguren, weil dieses in den meisten Fällen genau das Verhältnis repräsentiert zwischen seinen eigenen niedrigeren und präverbalen Strukturen, besonders emotional-sexuellen und aggressiven Trieben, und seinen noch unbeholfenen symbolisch-verbalen und mentalen Strukturen, zu deren Aufgaben es gehört, die emotional-vitalen Komponenten höheren Äußerungen zu unterstellen und in diese zu transformieren. Das heißt, das interpersonale Verhältnis zwischen Kind und Eltern ist auch das intrapersonale Verhältnis zwischen Körper und Verstand des Kindes. Keines der beiden Verhältnisse hat das Kind schon im Griff, und so lassen beide wesentlich die fundamentale Stimmung passiver Abhängigkeit des Kindes hervortreten.

Dies alles verändert sich – oder kann sich verändern – mit dem Jugendalter und dem Entstehen der kritischen, selbstreflexiven, selbstbewußten Mentalität.[54, 66, 101] Die jugendliche Rebellion gegen die Eltern ist großenteils ein äußeres Symptom des inneren (und gesunden) Kampfes darum, sich von der kindlichen Abhängigkeit und der magisch-mythischen Unterbewußtheit zu lösen bzw. diese zu transzendieren. Die Prälegalität des Kindes weicht der Kontralegalität des Jugendlichen. Ein entsprechender Stimmungsumschwung findet statt von allgemeiner passiver Abhängigkeit zu aktiver Unterabhängigkeit (auch dies *kann* wieder zu weit gehen, von der Kontralegalität zur Antilegalität, aber im großen und ganzen ist es nichts weiter als eine gesunde Lösung und Transformation).

Die jugendliche Stimmung aktiver Unabhängigkeit ist eine phasenspezifische Form der Transzendenz – der Transzendenz von unterbewußter Abhängigkeit zu selbstbewußter Verantwortlichkeit.[101] Wenn sie aber über ihren phasenspezifischen Zeitraum hinaus andauert – wie es in den meisten westlichen Kulturen geschieht –, dann hilft sie nur *verhindern*, daß die reife Disposition einer aktiv passiven Hingabe der isolierten Individualität an ihre höhere und ursprüngliche Natur, das radikale Überbewußtsein, im gesamten Weltprozeß und als dieser entsteht. Sie ist insofern eine *Hingabe*, als man die jugendliche Großtuerei fahrenlassen – abtöten – muß, um Raum zu schaffen für die Wiedergeburt auf den überbewußten Ebenen. Sie ist insofern *passiv*, als das Zentrum sich windender Ungeduld genannt Ich seine chronische Kontraktion angesichts einer umfassenderen Bewußtheit schießlich lösen muß. Und sie ist *aktiv* passiv, weil sie keine bloße tranceähnliche Unterwerfung ist, sondern einhergeht mit einem Bemühen um schärfste Konzentration, Wahrnehmung und Bereitschaft, die obsessive Rationalisierung und den Strom angespannten Denkens abzuschneiden. In der Geste aktiv passiver Hingabe werden die höheren Zentren überbewußten Potentials *aktiv* betätigt, das Ich wird offen und *passiv* gemacht, und folglich kann das ichhafte Selbstgefühl sich auflösen in und *hingeben* als die weiteren Sein- und Bewußtseinsströme, die Ziel und Grund seiner eigenen Entwicklung darstellen – eine Hingabe, die das Ende seiner Selbstentfremdung anzeigt.[7, 22, 45, 105]

Ich führe dies alles nur aus dem Grund an, weil die Disziplin aktiv passiver Hingabe, besonders unter der Leitung eines anerkannten spirituellen Meisters, immer wieder mit kindlicher passiver Abhängigkeit verwechselt wird.[93, 102] Mit »immer wieder« meine ich konkret, daß die große Mehrheit orthodoxer Psychologen und Soziologen nicht unterscheiden will oder kann zwischen präpersonaler Hilflosigkeit und Abhängigkeit von einer väterlichen Autoritätsfigur einerseits und durch einen spirituellen Adepten vermittelte transpersonale Hingabe und Unterordnung andererseits. Für diese Sozialwissenschaftler gilt die jugendliche Haltung aktiver Unabhängigkeit und grimmiger Isolation offenbar nicht als ein phasenspezifischer Abschnitt in dem größeren Entwicklungsbogen, sondern als Ziel und höchste Stufe der Entwicklung selbst, woraufhin dann jede andere Haltung als diese mit makabrer akademischer Faszination unter die Lupe genommen wird.

Nun stimmt es sicherlich, daß viele der »neuen Religionen« oder wenigstens der neuen Kulte auf der Dynamik präpersonaler Regression/Fixierung beruhen, mit daraus resultierendem Gehorsam gegenüber einer Vaterfigur oder einem Totemmeister, mit Verschmelzung und Indissoziation von Selbst und Klan (participation mystique), mit Gruppenritualen, magischen Gesängen, mythischen Apokryphen. Die Mitglieder des Klan-Kults legen oft die Dispositionen von »Borderline«-Neurotikern oder »Borderline«-Psychotikern an den Tag: geringe Ich-Stärke, Untergehen im konkreten Erleben bei gleichzeitiger Schwierigkeit, abstrakte Standpunkte zu vertreten, narzißtische Verstrikkung, geringe Selbstachtung bei korrelativer Schwierigkeit, mit moralischen Zweideutigkeiten, Widersprüchen oder Wahlmöglichkeiten umzugehen.[4, 56, 59] Der Klan-Kult zieht solche Persönlichkeiten magnetisch an, weil er (und für gewöhnlich sein Totemmeister) eine Atmosphäre passiver

Abhängigkeit von autoritärer Herrschaft bietet und fördert, die die kindspezifische Stimmung wiedererzeugt, in der solche Persönlichkeiten psychisch nach wie vor gefangen sind. Ein Kult muß solche Mitglieder keiner »Gehirnwäsche« unterziehen; kommen und lächeln genügt.

Weil der Klan-Kult die kindspezifische Stimmung passiver Abhängigkeit anspricht, ist das einzige, was darin *nicht* erlaubt ist, das Ausleben aktiver jugendlicher Unabhängigkeit, vor allem die Betätigung rationaler Selbstreflexion, kritischer Wertung, logischen Diskurses und systematischen Studiums alternativer Philosophien. Dies, verbunden mit der Ergebenheit gegenüber dem Totemmeister oder dem magischen »Vater« des gesamten Klans, macht das psychosoziale Fundament des Kults weitgehend aus.

Für das ungeschulte Auge scheint eine Gemeinschaft transpersonaler Kontemplativer – die Buddhisten nennen sie einen *Sangha* – oft dem Klan-Kult ähnlich oder sogar damit identisch zu sein, und zwar, wie ich glaube, hauptsächlich deswegen, weil sie meistens ziemlich festgefügt ist und sich oft um einen spirituellen Adepten herum aufbaut, der in unterschiedlichem Maß Verehrung oder doch immerhin tiefe Achtung genießt. Diese Gemeinschaft ist auch daran interessiert, die jugendliche aktive Unabhängigkeit auszuräumen, aber in einer gänzlich anderen Richtung – sie transzendierend, nicht sie verbietend. Ja, weil jede höhere Stufe die ihr vorausgehenden transzendiert, aber auch *einschließt*, hält sich der echte Sangha stets den Weg und den Raum *offen* zu rationaler Forschung, logischer Reflexion, systematischem Studium anderer philosophischer Bezugssysteme und kritischer Wertung der eigenen Lehren in Lichte verwandter Gebiete. Historisch sind die mystischen Kontemplationszentren in der Tat oft die großen Zentren der Bildung und Gelehrsamkeit gewesen – Nalanda in Indien beispielsweise oder die buddhistischen T'ien-t'ai-Zentren in

China. Needham[64] hat bereits gezeigt, daß Mystik und wissenschaftliche Forschung meistens einfach deshalb historisch miteinander verknüpft waren, weil beide immer den dogmatischen Glauben ablehnten und auf offener Erfahrung bestanden.

Die Sache ist die: Was man in der Kontemplation zu »zerstören« sucht, ist *nicht der Verstand, sondern eine ausschließliche Identität von Bewußtsein und Verstand.*[11, 112] Das Kind empfindet sich als mehr oder weniger ausschließlich identisch mit dem Körper; bildet sich der jugendliche Verstand heraus, so zerstört dieser die ausschließliche Identität mit dem Körper, aber zerstört nicht den Körper selbst; er subsumiert den Verstand seiner umfassenderen höchsten Identität.[102] Der Verstand selbst wird durchaus geschätzt, ebenso sein freies und kritisches Forschen in jedem theoretischen Bereich.

Das Gefühl des Jugendlichen jedoch, ein abgesondertes Selbst zu sein, d. h. eine ausschließliche Identifikation mit dem Verstand bei einer Haltung ungestümer Macho-Unabhängigkeit, wird nicht so hoch geschätzt; daher sind viele Vorbereitungsübungen in kontemplativen Gemeinschaften eigens dazu gedacht, das Ich an seinen phasenspezifischen und vermittelnden Ort in der Gesamtentwicklung zu erinnern. Übungen wie das einfache Verbeugen im Zen, die Niederwerfungen im Vajrayana oder der Dharma zwingend vorgeschriebener Gemeindedienste in monastischen Sekten sind äußere und sichtbare Zeichen einer inneren und aktiv passiven Hingabe an einen Zustand selbstlosen Seins mit einem weiteren Blickfeld als dem des Ich. Das letztendliche Ziel solcher Praktiken ist es, den Verstand zu wahren, aber das ichhafte Selbstgefühl durch die Entdeckung eines umfassenderen Selbst in der spirituellen Dimension der Schöpfung als ganzer zu transzendieren.

Dies unterscheidet sich radikal von der Strategie des

Klan-Kults, das Selbst durch die Einschränkung und das Verbot der freien Betätigung kritischer Reflexion auf präpersonale und passive Abhängigkeit zu *reduzieren*. Das Ziel des Sangha ist es, den Verstand zu wahren, aber das Ich zu transzendieren; das Ziel des Kultes ist es, beide zu verbieten.

Mir ist klar, daß es in der Praxis nicht immer leicht auszumachen ist, ob eine bestimmte Gemeinschaft ein Kult oder ein Sangha ist – wie in den meisten Lebenslagen gibt es so etwas wie ein Kontinuum zwischen den idealen Grenzen. Aber ich habe das Gefühl, daß die obigen Kriterien wenigstens eine glaubhafte Grundlage für die psychodynamische Unterscheidung zwischen diesen Gruppen bieten (eine Ausweitung dieser Kriterien findet sich bei Wilber[106]). Es ist auf diesem Gebiet offensichtlich noch viel Forschung zu leisten, aber sowohl persönlich als auch als transpersonaler Psychologe denke ich, daß die orthodoxen Psychologen und Soziologen ein wenig mehr Phantasie an den Tag legen könnten, wenn es um die Schilderung der Psychodynamik eines gemeinschaftlichen Verhaltens geht; sie alle haben Jonestown geradezu zu einem Paradigma »spiritueller« Gruppenbildungen gemacht. Ich möchte nur anregen, daß man eine ehrliche Anstrengung unternimmt, kindspezifische passive Abhängigkeit von reifer aktiv passiver Hingabe zu unterscheiden, bei einer korrelativen Unterscheidung zwischen präpersonalen Kulten und transpersonalen Sanghas.

4. In diesem ganzen Buch habe ich herausgestellt, was die Soziologie von einem Schuß Psychologie (insbesondere transpersonaler Psychologie) gewinnen könnte. Ich möchte jedoch betonen, daß dies auch andersherum gilt, und daß die Psychologie (insbesondere die transpersonale Psychologie) von einem Studium der modernen Soziologie und insbesondere der Religionssoziologie viel zu gewinnen hat. Dementsprechend möchte ich dieses Kapitel beenden, in-

dem ich meine Besprechung von *In Gods We Trust: New Patterns of Religious Pluralism in America* (Hrsg. von Robbins und Anthony) hier abdrucke, die im *Journal of Transpersonal Psychology* erschienen ist. Das Buch ist repräsentativ für den Typ der ernsthaften, disziplinierten soziologischen Untersuchung, die man gegenwärtig verschiedenen neuen religiösen Bewegungen in Amerika angedeihen läßt (bzw. in der ganzen westlichen Welt, wie wir mit gewissen Oberflächenmodifikationen fast sagen könnten). Weitere Bände dieser Art werden zur Zeit bereits zusammengestellt. Keine Frage: Das sind gute Neuigkeiten – für die Psychologie, für die Soziologie *und* für die Religion.

Wenn meine Bemerkungen zu diesem Buch auch nicht annähernd so detailliert sind wie die vorangegangenen Ausführungen, so können sie dennoch als eine allgemeine Zusammenfassung unserer bisherigen Erörterung dienen und als ein Hinweis auf die Art von interdisziplinärem Dialog, von dem die Zukunft dieses Faches abhängt.

Geht man davon aus, daß Psychologie immer auch Sozialpsychologie ist, dann ist das Studium der »neuen Religionen« aus einer entschieden soziologischen Perspektive von großer Bedeutung für die Psychologie im allgemeinen und die transpersonale Psychologie/Therapie im besonderen; mehr noch in Anbetracht der Tatsache, daß die »transpersonale Soziologie« eine Disziplin ist, die verzweifelt ihrer Geburt harrt. *In Gods We Trust* ist, wie ich glaube, die erste streng soziologische Behandlung der neuen religiösen Bewegungen; als solche besitzt sie alle Stärken einer echten Pionierarbeit und manche der unvermeidlichen Schwächen; in jedem Fall ist allein schon ihr Erscheinen ein großes Ereignis.

Der Ausgangspunkt der Anthologie (und in vieler Hinsicht ihr zentrales Thema) ist Robert Bellahs ungemein einflußreicher Begriff der »Zivilreligion« und deren Zerfall in jüngster Zeit. Der Gedanke ist kurz gesagt der, daß die Religion, welche Funktionen sie auch sonst noch besitzen mag, in erster Linie dazu dient, eine Weltanschauung auf sinnvolle Weise zu integrieren und zu legitimieren [Rd-2 und Rd-8]. Bellah zufolge ist (oder war) die amerikanische Zivilreligion ein Verschnitt aus biblischer Symbolik und amerikanischem Nationalismus (»Eine Nation unter Gott...«), eine »Religion«, die in den besseren Zeiten der amerikanischen Geschichte der sozialen Integration und der Moral adäquat diente und überhaupt ihren Zweck erfüllte. In den letzten Jahrzehnten jedoch begann die amerikanische Zivilreligion Bellah und anderen zufolge zu zerfallen bzw., technisch gesprochen, ihre Legitimität zu verlieren (was Bellah den »zerbrochenen Bund« nennt). Geht man (wie die meisten Theoretiker) davon aus, daß die Religion als integrative Funktion [Rd-2] eine universelle Notwendigkeit oder ein universeller Impuls ist, dann folgt daraus, daß *irgend etwas* den Platz der alten Zivilreligion einnehmen mußte; daher die neuen Religionen der letzten paar Jahrzehnte: »Die Anziehungskraft orientalischer Mystik und quasi-mystischer Therapiegruppen läßt sich am besten aus den durch diesen Niedergang [der Zivilreligion] entstandenen Bedürfnissen verstehen.«

Von diesem Punkt aus beschäftigt sich die Anthologie der Reihe nach mit verschiedenen soziologischen Theorien, Forschungen und Daten, die in sechs Abschnitten angeordnet sind. Die Untertitel sagen, worum es geht: »Religiöse Gärung und kulturelle Transformation«; »Ernüchterung und Erneuerung in den maßgeblichen Traditionen«; »Zivilreligiöse Sekten, orientalische Mystik und Therapiegruppen«; »Das Argument der Gehirnwäsche« (da ich diesen Punkt in der weiteren Besprechung nicht erörtern werde, möchte ich hier darauf hinweisen, daß das Buch eine begründete Anklage gegen die Theorie der »Gehirnwäsche«

in allen ihren Ausprägungen erhebt; die Daten stützen einen solchen theoretischen Erklärungsansatz ganz einfach nicht, nicht einmal bei so problematischen Gruppen wie den Mun-Anhängern [»Moonies«]); »Neue Religionen«; und »Der Niedergang der Gemeinschaft«. Einige Schlaglichter:

Robert Wuthnows Aufsatz »Politische Aspekte des quietistischen Revivals« hat einen geradezu witzigen Titel (von wegen »quietistisch«), weil er wirkungsvoll das seit langem bestehende Vorurteil (das sich bei Forschern von Weber bis Freud findet) angreift, es gäbe eine »›hydraulische Beziehung‹ zwischen Erfahrungsreligion und politischem Engagement, je mystischer jemand ist, desto weniger wahrscheinlich sei sein Engagement für eine [soziale oder] politische Sache«. Aufgrund empirischer Daten zeigt Wuthnow nicht nur die *Falschheit* der Behauptung, die zur Mystik Hingezogenen seien weniger sozial engagiert, sondern auch, daß diese durchweg in den meisten Kategorien sozialen Engagements höher rangieren (was z. B. Wert sozialer Verbesserungen, gleiche Rechte für Frauen, Lösung sozialer Probleme usw. betrifft). Daran knüpft an Donald Stones »Soziales Bewußtsein in der ›Human-Potential‹-Bewegung«. Gestützt auf systematisch gesammelte Daten kommt Stone gegen Lasch und andere Kritiker zu der Ansicht, daß zumindest einige (nicht alle) der »Human-Potential«-Bewegungen dazu neigen, die soziale Verantwortung durch *Verringerung*, nicht etwa Steigerung des narzißtischen Rückzugs zu erhöhen (wenn dies auch keineswegs alle Argumente Laschs entkräftet, die ganz offensichtlich auf einige »New-Age«-Bewegungen zutreffen, wobei die Unterscheidung unbestimmt bleibt [eine Unterscheidung, die wir in die Form prälegal contra translegal gefaßt haben]).

Robert Bellahs Kapitel ist eine Klärung seines Begriffs der »Zivilreligion« wie auch eine überzeugende Argumentation dahingehend, daß die amerikanische Verfassung implizit, aber verhängnisvollerweise eigentlich davon ausging, moralische Disziplin (oder Zielsetzung) sei immer eine Sache der Kirche, so daß jetzt, da es mit der Kirche abwärts geht, kein offenkundiger nationaler moralischer Ersatz besteht; manche der neuen Religionen bieten daher zwar keinen legitimen Ersatz für eine zerbrochene moralische Bindung, aber eine privatistische Fluchtmöglichkeit (»so selbstzentriert, daß das Ganze fast schon den Anschein von Konsumenten in einer Cafeteria macht«).

Der Beitrag, den Robbins und Anthony selbst zu dem Buch leisten, besteht aus einer vorzüglichen Einleitung – vielleicht das beste Einzelkapitel in der Anthologie; einer vollständigen und vernichtenden Kritik des Modells der Gehirnwäsche; und einem erkenntnisreichen Bericht über die Meher-Baba-Gemeinde. Letzterer ist besonders wichtig, weil er demonstriert, daß eine gediegene (weitgehend Parsonssche) soziologische Analyse an einer spirituellen Gemeinschaft vorgenommen werden kann, ohne daß die Gemeinschaft oder ihre Lehren reduktionistisch verunglimpft werden. (Damit transzendiert er freilich, wie subtil auch immer, den strikten Parsonsianismus.)

Schließlich läßt sich allgemein sagen, daß das in dem Band vorgelegte empirische soziologische Datenmaterial gleichermaßen interessant wie bedeutsam ist und die beachtliche Leistungsfähigkeit soziologischer Methodologie demonstriert.

Da Psychologen im allgemeinen Bäume erforschen und nicht Wälder und Soziologen im allgemeinen Wälder erforschen und nicht Bäume, scheinen diese Disziplinen immer eines Ausgleichs durch den interdisziplinären Dialog zu bedürfen. Dies gilt anscheinend besonders für die Psychologie und Soziologie der Religion. Beispielsweise würde ein transpersonaler Psychologe vielleicht darauf hinweisen wollen, daß einige Kapitel des Buches subtile reduktionistische

Tendenzen enthalten. Wenn etwa die »neuen Religionen« grundsätzlich das Ergebnis des Zerfalls der amerikanischen Zivilreligion sind, ist das dann *alles*, was sie sind? Ist das, was der Zen-Buddhismus zu bieten hat, *im wesentlichen* dasselbe wie das, was die Zivilreligion zu bieten hatte? Viele Soziologen bejahen das; ein transpersonaler Psychologe würde es wahrscheinlich verneinen. Diese Religion bot eine Integration der Egos, jene bietet ihre Transzendenz – eine Tatsache, die der Soziologie als Soziologie meistens entgeht. (Obwohl ich erwähnen muß, daß die Herausgeber dieses Bandes in ihren eigenen Schriften ein sehr feines Gespür für diesen Unterschied entwickeln.) Ein transpersonaler Psychologe könnte daher die soziologische Perspektive durch die Erklärung anerkennen, daß der Zusammenbruch der alten Zivilreligion für das neuere Interesse an authentischen mystischen Religionen durchaus notwendig, aber eben *nicht ausreichend* war. *Notwendig* insofern, als man nicht andernorts suchen würde, wenn es keinerlei Disharmonie in den orthodoxen Religionen gäbe; *nicht ausreichend* insofern, als die neuen authentisch mystischen Traditionen etwas bieten, das von zivilen oder orthodoxen Religionen *niemals* offiziell geboten wurde: wirkliche Transzendenz (und nicht bloß gemeinschaftliches Eintauchen).

Aus denselben Gründen könnte ein transpersonaler Psychologe darauf hinweisen, daß es einen sachlichen Unterschied zwischen *transpersonalem* Wachstum und *präpersonaler* Regression zu geben scheint; daß einige der sogenannten neuen Religionen oder neuen Therapien in Wirklichkeit präpersonal und nicht transpersonal sind; daß diese präpersonalen Bewegungen in der Tat oft narzißtisch, kultisch, autoritär, antirational und selbstzentriert (wenn auch über das »Gruppenselbst« [d. h. mythische Zusammengehörigkeit]) sind; und daß diese kultischen Bewegungen – Jonestown, Synanon, Kinder Gottes – nicht glaubhaft mit authentischen transpersonalen Sanghas gleichgesetzt werden können, kontemplativen Gemeinschaften wie etwa verschiedenen genuinen buddhistischen Zentren (Zen, Vajrayana, Theravadin), christlichen mystischen Enklaven, einigen Yoga-Zentren usw. Doch noch einmal: Der Soziologie *als* Soziologie [oder dem Funktionalismus ohne hierarchischen Strukturalismus] entgehen derartige Unterschiede im allgemeinen, da sie nur das sieht, was diese Wälder gemein haben: Sie sind allesamt anders als die maßgeblichen orthodoxen Religionen.

Aber wenn es dies und ähnliches ist, was die Soziologie von der transpersonalen Psychologie lernen könnte, dann ist *In Gods We Trust* ein ausgezeichnetes Kompendium dessen, was transpersonale Psychologen von der modernen Soziologie lernen können. Ich möchte explizit Psychologen im allgemeinen einschließen, aber transpersonale Psychologen und Therapeuten im besonderen. Denn wenn, wie gesagt, solche Theorien für Transpersonalisten nicht ausreichend sind, so bleiben sie dennoch absolut notwendig. Genau wie eine Psychoanalyse von Produktionen »auf der Couch« nichts über die geistige Gesundheit der Gesellschaft im ganzen aussagen kann, so kann das Studium von Produktionen »auf der Zazen-Matte« nichts über umfassendere und ebenso wichtige gesellschaftliche Strömungen aussagen. Meiner Meinung nach sind viele der widerspenstigen theoretischen Probleme, vor denen die transpersonale Psychologie steht, bereits im wesentlichen von der Religionssoziologie beantwortet worden, und *In Gods We Trust* ist genau ein Kompendium solcher Antworten.

Diese Anthologie gewinnt noch an Bedeutung durch das Engagement ihrer Herausgeber. Dick Anthony z. B. ist sich völlig im klaren über die Differenz zwischen regressiven, präpersonalen und prärationalen Bewegungen und progressiven, transpersonalen und transrationalen Fragestellungen. Seine Arbeit ist durchdrungen von einer genuinen Empfänglichkeit für nichtreduktionistische Interpretationen spiritueller Bestrebungen. Überdies beginnt er in Verbindung mit Jacob Needleman, Thomas Robbins und anderen den Dialog zwischen orthodoxen Soziologen und transpersonalen Psychologen. *In Gods We Trust* ist dieser Dialog – es ist eine genuin soziologische Anthologie (war richtig auch als solche gedacht) mit ein wenig – transpersonaler oder sonstiger – Psychologie dabei. Aber über dieses erklärte Ziel hinaus, das vollkommen erreicht wird, ist es eine Einladung zu einem zukünftigen Dialog mit transpersonalen Psychologen, eine Einladung, deren Bedeutung gar nicht überschätzt werden kann und der, wie ich zuversichtlich hoffe, Psychologen im allgemeinen und transpersonale Psychologen im besonderen begeistert Folge leisten werden.

8
Erkenntnis und Interesse

In diesem Kapitel möchte ich Habermas' Arbeit über Erkenntnis und Erkenntnisinteressen als Ausgangsbasis nehmen, um die Soziologie, und vor allem eine kritische Soziologie, derart weiterzuentwickeln, daß sie wirklich umfassend oder doch immerhin umfassender ist und authentisch spirituelle oder tatsächlich transzendentale *Erkenntnisse* und *Interessen* adäquat einzubeziehen vermag. Da ich nur gewisse Möglichkeiten andeuten möchte, wird die Erörterung auf einer Ebene geführt werden, die verallgemeinerter und vorläufiger ist als sonst üblich.

Habermas[38] unterscheidet drei hauptsächliche Erkenntnis- und Forschungsweisen: die empirisch-analytische, die sich mit objektivierbaren Prozessen befaßt; die historisch-hermeneutische, die auf ein interpretierendes Verstehen symbolischer Konfigurationen abzielt; und die kritisch-reflexive, die (vergangene) kognitive Operationen erfaßt und sie so in einem gewissen Maß dem Erkennen unterwirft.

Besonders bestechend an der Habermasschen Theorie ist, daß sie jede Erkenntnisweise wesensmäßig mit einer Art von menschlichem *Interesse* verknüpft, denn Erkenntnis als Erkenntnis ist stets von etwas getrieben und etwas treibend. Um einen Begriff von dem zu geben, was Habermas mit Erkenntnisinteressen meint: Würde man sich jedesmal, wenn man etwas wissen will, fragen: »*Warum* will ich das wissen?«, und dann sämtliche rein persönliche-idiosynkratischen Motive ausräumen, dann hätte man *das allgemeine Erkenntnisinteresse*, das den bestimmten Forschungsprozeß leitet.

Habermas[38] zufolge verkörpert der Ansatz der empirischanalytischen Wissenschaften ein *technisches* Erkenntnisinteresse, verkörpert der der historisch-hermeneutischen Wissenschaften ein *praktisches* und verkörpert der Ansatz der kritisch eingestellten Wissenschaften das *emanzipatorische* Erkenntnisinteresse. Technisches Interesse ist Interesse an Vorhersage und Kontrolle von Ereignissen im objektivierbaren Rahmen. *Praktisches* Interesse ist Interesse an Verstehen der und Verständigung über die Verbindlichkeiten des Lebens, Moral, Zweck, Ziele, Werte und dergleichen. *Emanzipatorisches* Interesse ist Interesse an der Aufhebung der Entstellung und Zwänge der Arbeit, Sprache oder Kommunikation, die aus der Intransparenz resultieren, daraus, daß sie nicht ständig mit kritischem Bewußtsein betrachtet werden. (An dieser Stelle möchte ich den Leser daran erinnern, daß wir zuvor unterschieden haben zwischen horizontaler Emanzipation, die auf die Beseitigung der Entstellungen auf der jeweiligen Ebene abzielt, und vertikaler Emanzipation, die insgesamt auf den Übergang auf eine höhere Ebene abzielt. Habermas behandelt lediglich die erstere, und deshalb werde ich das von ihm gemeinte Interesse durchweg als horizontal-emanzipatorisches bezeichnen.)

Ich werde jetzt zwei Vereinfachungen vornehmen. Erstens werde ich nur unsere drei allgemeinen Bereiche, den unter-, selbst- und überbewußten, verwenden, und zwar unter den Namen physisch-sensomotorisch, mental-rational und spirituell-transzendental oder kurz Körper, Verstand und Geist. Dem Körper ist ein gewisser Grad *prä*symbolischer oder sensorischer Erkenntnis eigen; der Verstand hat mit symbolischer Erkenntnis zu tun; und der Geist befaßt sich mit *trans*symbolischer Erkenntnis oder Gnosis. Man beachte, daß der Verstand, dem die symbolische Erkenntnisweise eigen, Symbole von jedem der drei Bereiche bilden kann: der materiellen Welt, der eigenen mentalen Welt und der spirituellen Welt. Wenn diese drei Weisen symbolischer Erkenntnis der transsymbolischen Gnosis und der präsymbolischen Bewußtheit hinzugefügt werden, erhalten wir fünf allgemeine Kognitionsweisen; sie werden in Abb. 4 aufgezeigt.

Nummer 1 ist die spirituelle Gnosis, die direkte und unvermittelte Erkenntnis *des* Geistes *als* Geist *durch* den Geist. Nummer 2a ist die Art von Vernunft, die als die paradoxe oder mandalische bezeichnet worden ist, weil sie den Versuch des Verstandes darstellt, das in mentale Symbole zu fassen, was letztlich transmental ist, und das Ergebnis ist am Ende stets paradox. Nummer 2b steht für die Erkenntnis eines Verstandes durch einen anderen Verstand bzw. das Bewußtsein eines Symbols von anderen Symbolen,

Abbildung 4
Fünf allgemeine Kognitionsweisen

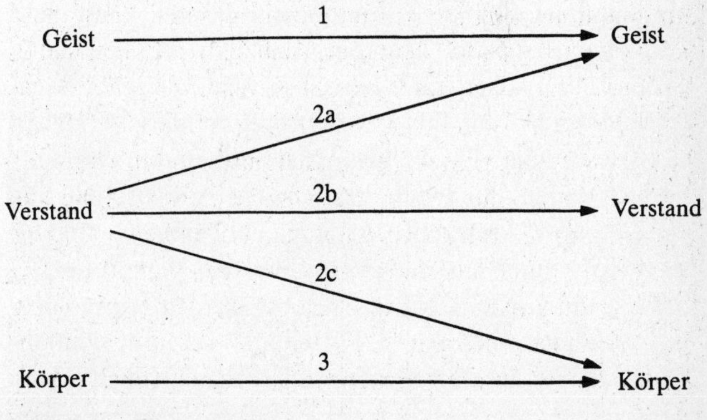

also das, was geschieht, wenn Sie dies lesen. Nummer 2c ist das Bewußtsein des Verstandes von der physischen und sensorischen Welt oder der Symbolmodelle, die zur Abbildung der *prä*symbolischen Welt verwandt werden. Nummer 3 ist das sensomotorische Begreifen der sensomotorischen Welt oder das präsymbolische Erfassen der präsymbolischen Welt.

Meiner Meinung nach *gründen* diese Formen von Erkenntnis in den Ebenen *struktureller Organisation* selbst. Die Tiefenstrukturen des sich entwickelnden bzw. sich selbst erzeugenden Bewußtseins diktieren die *Formen* dieser Kognitionen; und in eben dem Maße sind sie invariant, tiefsitzend, wesenseigen und kollektiv (obwohl freilich ihre Oberflächenstrukturen in hohem Maße kulturell geformt und konditioniert sind).

Meine zweite Vereinfachung besteht darin, Habermas' empirisch-analytische Erkenntnisweise mit Nummer 2c gleichzusetzen, dem Bewußtsein des Verstandes von der empirisch-sensorischen Welt; und seine historisch hermeneutische Erkenntnisweise mit Nummer 2b, der Interaktion des Verstandes mit anderen seinesgleichen. Dies ist deshalb eine Vereinfachung, weil die Unterscheidungen nicht genau sind; insofern z. B., als ein hermeneutischer Sachverhalt eine empirisch objektive Komponente besitzt, kann diese Komponente zum Objekt empirisch-analytischer Forschung werden; desgleichen kann ein sensorisch-objektiver Sachverhalt insofern, als ihm ein interpretierendes Verstehen zuteil wird, zum Objekt historisch-hermeneutischer Forschung werden. Dennoch bin ich der Ansicht, daß die zentrale Form, das wahre Paradigma der empirisch-analytischen Forschung das die präsymbolische Welt reflektierende symbolische Denken ist und das Paradigma der historisch-hermeneutischen Forschung das mit symbolischem Denken interagierende symbolische Denken. Grob gesagt ist jenes die Reflektion der Materie durch das Denken und jenes die Reflexion des Denkens durch die Materie. Verallgemeinernd nehmen wir also Nummer 2b als historisch-hermeneutisch und Nummer 2c als empirisch-analytisch an, und wir weisen ihnen ihre jeweiligen Erkenntnisinteressen zu, das praktisch-moralische und das technisch-planende, die sämtlich in Abb. 5 aufgeführt werden.

Was aber sollen wir nun von Habermas' horizontal-emanzipatorischem Interesse halten, dem Interesse an der »Aufklärung« der Entstellungen des gegenseitigen Austauschs auf jeder bedeutsamen Ebene? Wenn Erkenntnis und menschliches Interesse wirklich in *Strukturen* gründen, sollten wir eigentlich eine für dieses emanzipatorische Interesse paradigmatische zentrale Struktur aufzeigen können (wie wir Nummer 2c für das empirisch-technische Interesse aufwiesen usw.). Jedoch aus Gründen, die im folgenden klarer werden dürften, geht die Rechnung mit keiner der fünf Erkenntnisweisen so recht auf. Zum einen kann das horizontal-emanzipatorische Interesse anscheinend auf allen oder fast allen Ebenen wirksam sein. Zum anderen ist es nicht *unbedingt* wirksam, sondern entsteht nur dann, wenn es tatsächlich Verzerrungen gegeben hat, die eine Klärung verlangen. Wie Habermas es ausdrückt:

»Während das technische und das praktische Erkenntnisinteresse in tiefsitzenden (invarianten? [heißt das tief?]) Handlungs- und Erfahrungsstrukturen begründet... sind, hat das [horizontal-] *emanzipatorische Erkenntnisinteresse* einen abgeleiteten Status. Es sichert den Zusammenhang des theoretischen Wissens mit einer Lebenspraxis, d. h. einem ›Gegenstandbereich‹, der unter Bedingungen *systematisch verzerrter* Kommunikation und einer scheinhaft legitimierten Repression erst entsteht.«

Das horizontal-emanzipatorische Interesse ist mit anderen Worten nicht so sehr in spezifischen Strukturen per se verwurzelt, denn dann wäre es ständig aktiv, sondern vielmehr in einer durch strukturelle Entstellung verursachten strukturellen *Spannung,* und sein Ziel ist es, die Spannungsursache zu beseitigen. Sind die Entstellungen verschwunden, verliert das horizontal-emanzipatorische Interesse seinen Antrieb. Es ist daher nicht überraschend, daß die einzigen zwei bedeutenden Beispiele für solche horizontal-emanzipatorischen Anliegen, die Habermas (außer seiner eigenen Arbeit) gibt, die Freudsche Psychoanalyse und die Marxsche materialistische Kritik sind.

Vereinfacht gesagt, das Bedürfnis nach Psychoanalyse kommt nur dann auf, wenn etwas in der psychischen Entwicklung »schiefgeht«. Psychische Entstellungen – Verdrängungen und Unterdrückungen – bringen psychische Spannungen hervor; diese Spannungen lassen sich nur durch eine kritische Reflexion auf das »Schiefgegangene« selbst, durch seine Analyse lösen, und diese kritisch-reflektierende Erkenntnis hat als ihr *Interesse* die *Emanzipation* von diesen Entstellungen, Hemmungen und Verdrängungen. Die marxistische materiell-ökonomische Kritik verfährt ähnlich – vergangene (historische) ökonomische Unterdrückungen bringen gesellschaftliche Spannungen hervor. Diese Spannungen (Klassenkampf, falsches Bewußtsein, entfremdete Arbeit, undurchsichtige Ideologie) lassen sich nur durch eine kritische Reflexion auf das »Schiefgegangene« selbst, durch seine Analyse lösen, und diese kritisch-reflektierende Erkenntnis hat als ihr *Interesse* die *Emanzipation* von diesen Entstellungen, Hemmungen und Verdrängungen. Die marxistische materiell-ökonomische Kritik verfährt ähnlich – vergangene (historische) ökonomische Unterdrückungen bringen gesellschaftliche Spannungen hervor. Diese Spannungen (Klassenkampf, falsches Bewußtsein, entfremdete Arbeit, undurchsichtige Ideologie) lassen sich nur durch eine kritische Analyse ihrer historischen (entwicklungsgeschichtlichen) Genese mit einem Interesse an der Emanzipation von solchen unterdrückenden ökonomischen Entstellungen lösen. Und Habermas selbst mit seiner Philosophie kommunikativer Ethik gebraucht die kritisch-reflektierende Forschung und das horizontal-emanzipatorische Interesse in einem Versuch, die einem ansonsten freien und offenen *kommunikativen Austausch* auferlegten Entstellungen und Zwänge zu erhellen und dann abzuschaffen. Die Unterdrückung von Kommunikation und intersubjektivem Austausch bringt Entstellungen des Diskurses (und der Wahrheit) selbst hervor – das einfachste Beispiel dafür ist die Propaganda. Solche »Bedingungen systematisch verzerrter Kommunikation und einer scheinhaft legitimierten Repression« erzeugen die Möglichkeit wie auch die Notwendigkeit einer kritisch-reflektierenden Untersuchung solcher Entstellungen mit einem Interesse an der Emanzipation von einer solchen undurchsichtigen Kommunikation. *In allen drei Fällen* nehmen, wenn die Entstellungen einmal geklärt sind, das Analysebedürfnis und das Emanzipationsinteresse ab, das sie durch Auflösung ihrer eigenen Ursache ihren Zweck erfüllt haben.

Meiner Meinung nach – das möchte ich nur noch hinzufügen – sollte die Tatsache, daß Freud und Marx sich beide über die Wichtigkeit des kommunikativen Austauschs auf ihrem jeweiligen Gebiet im klaren waren, nicht verschleiern, daß sich materiell-ökonomische Hemmung (die Marx überwiegend, wenn auch nicht ausschließlich interessierte), emotional-sexuelle Hemmung (die Freud überwiegend, wenn auch nicht ausschließlich interessierte) und kommunikative Hemmung (die Habermas überwiegend, wenn auch nicht ausschließlich interessiert) auf ganz verschiedene strukturelle Ebenen gegenseitigen Austauschs und potentieller Entstellung beziehen. *Das horizontal-emanzipatorische Interesse kann auf jeder Ebene mit hereinspielen*, aber die wirkliche Dynamik ist von Fall zu Fall etwas anders, weil jeder der Gegenstandsbereiche eine andere Struktur hat. Einfach ausgedrückt, die Materie »aufzuklären«, die Sexualität aufzuklären und die Kommunikation aufzuklären, sind sämtlich Formen horizontaler Emanzipation, aber die konkrete Dynamik ist in jedem Fall anders, weil die Dynamik der Materie, der Emotionen und der Gedanken selbst jeweils eine andere ist. Schließlich war die Ermordung des Sokrates z. B. nicht die Folge seiner ökonomisch-materiellen Entstellung oder einer emotional-sexuellen Verdrängung, sondern einer kommunikativen Unterdrückung. Diese unterschiedlichen Entstellungen sind, wie die von ihnen befallenen Ebenen, hierarchisch. Und in dieser Hierarchie der Gebrechen leistet Habermas primäre für die kommunikative (mentale) Sphäre nunmehr das, was Marx *primär* für die materielle Sphäre und Freud *primär* für die emotionale Sphäre leistete. Diese drei Theoretiker sind beispielhaft für das horizontal-emanzipatorische Interesse auf diesen Ebenen. (Wir warten nach wie vor auf den Analytiker, der ebenso brillant die Entstellungen und Unterdrückungen der Spiritualität, die Verdrängung der Transzendenz, die Politik des Tao, die Leugnung des Seins durch das Seiende erforscht.)

Wir können jetzt Abb. 5 ausfüllen, indem wir die anderen Erkenntnisformen und die ihnen entsprechenden Interesse hinzufügen. Ich mache versuchsweise folgenden Vorschlag: Das Nummer 3, der leiblichen Erkenntnis der sensorischen Welt, zugehörige Interesse ist *instinkthaft*; die Schemata sensomotorischer Kognition sind begründet in instinktiver Selbsterhaltung. Das Nummer 2a, dem Versuch des Verstandes, über den Geist nachzudenken, zugehörige Interesse ist *soteriologisch* – ein Heilsinteresse; es ist ein Bestreben, den Geist mental dergestalt zu erfassen, daß man entweder dem Ziehen einer transzendentalen Intuition folgt oder denjenigen, die noch nicht so *interessiert* sind, dazu verhilft, sich ein »Bild« von der spirituellen Sphäre zu machen. (Das Bild ist letzten Endes immer paradox, wie sowohl Kant als auch Nagarjuna darlegten, doch weder hindert dies das menschliche Interesse am Göttlichen, noch schränkt es die Brauchbarkeit der mandalischen Vernunft ein; z. B. enthält die paradox-mandalische Aussage, der Geist sei gleichermaßen vollkommen transzendent und vollkommen innament, eine gewisse brauchbare Information.) Das der Gnosis, Nummer 1, der Erkenntnis des Geistes als Geist durch den Geist, zugehörige Interesse ist *befreiend* – ein Interesse an radikaler Befreiung (Satori, Moksha, Wu, Erlösung). Wo das soteriologische Interesse dem Selbst eine höhere Erkenntnis zuteil werden lassen will, zielt das Befreiungsinteresse auf die Auflösung des Selbst in der höheren Erkenntnis *als* dieser Erkenntnis ab, d. h. als die Erkenntnis des Geistes als Geist durch den Geist. Jenem folgend möchte man als Selbst vom Geist gerettet werden; diesem folgend möchte man als Geist das Selbst transzendieren.

Bleibt noch das vertikal-emanzipatorische Interesse, zu dem etwas gesagt werden müßte. Wie sein Vetter, das horizontal-emanzipatorische Interesse, wird es nicht so sehr durch eine bestimmte Struktur als vielmehr durch eine strukturelle *Spannung* erzeugt und geht sein Interesse dahin, die Spannungsursache zu beseitigen. Aber hier ist die Ursache keine Spannung *auf* einer bestimmten Ebene, sondern eine Spannung *zwischen* Ebenen, genauer gesagt, die Spannung der *Entstehung*, die Spannung einer kommenden Transformation, eines vertikalen Übergangs von einer Ebene struktureller Organisation zur anderen. Das Ziel dieses vertikal-emanzipatorischen Interesses ist es, das Bewußtsein nicht von einer Entstellung, die auf einer Ebene eintreten könnte oder auch nicht, zu befreien, sondern von der relativ beschränkten Perspektive, die diese Ebene selbst im besten Fall bietet – und zwar dadurch, daß das Bewußtsein für die nächsthöhere Ebene struktureller Organisation aufgeschlossen wird. Dieses Interesse kann nicht durch die Aufklärung der Entstellungen auf einer Ebene zum Abklingen gebracht werden, sondern nur durch die Herausbildung der nächsthöheren Ebene. Wir dürfen annehmen, daß das Interesse dann vorübergehend abnimmt, bis (und falls) die der nächsten Ebene innewohnenden Beschränkungen mehr und mehr zum Vorschein zu kommen beginnen und eine Emanzipation *von*, nicht *auf* dieser Ebene mehr und mehr drängt. Sofern kein Stillstand eintritt, wird ein solches vertikal-emanzipatorisches Interesse bis zur endgültigen Emanzipation, d. h. bis zu Satori, periodisch immer wieder wachwerden. An diesem Punkt fällt die letzte Form des vertikal-emanzipatorischen Interesses genau mit dem Befreiungsinteresse zusammen, d. h. die zwei sind an der asymptotischen Wachstumsgrenze identisch. Alles in allem besteht das Interesse der horizontalen Emanzipation darin, die Translation aufzuklären; das Interesse der vertikalen Emanzipation ist es, die Transformation voranzutreiben.

Abb. 5 führt alle diese Erkenntnisweisen und die ihnen entsprechenden Interessen auf.

Dies kann nicht mehr als ein Anfang sein, bei dem es mir um folgendes geht: Wenn wir diese verschiedenen Weisen und Interessen menschlicher Erkenntnis den verschiedenen Ebenen struktureller Organisation und gegenseitigen Austauschs des vielschichtigen menschlichen Individuums mit allen in den anderen Kapiteln vorgeschlagenen Folgesätzen und psychosozialen Leistungen hinzugeben, haben wir die Umrisse einer ziemlich umfassenden (wenn auch bei weitem nicht abgeschlossenen) soziologischen Theorie: ein Skelett sozusagen. Die meisten Knochen haben wir hier beisammen, selbst wenn wir noch nicht alles kennen, was daran zu hängen hätte. Aber zumindest räumen wir der präpersona-

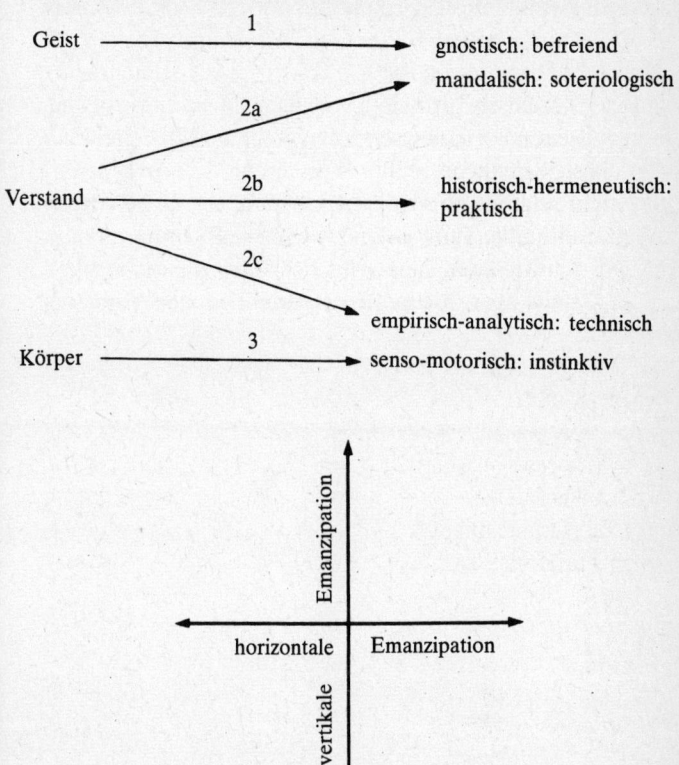

Abbildung 5
Erkenntnisweisen und die ihnen entsprechenden Interessen

Geist ———— 1 ————→ gnostisch: befreiend

mandalisch: soteriologisch

2a

Verstand ———— 2b ————→ historisch-hermeneutisch: praktisch

2c

empirisch-analytisch: technisch

Körper ———— 3 ————→ senso-motorisch: instinktiv

Emanzipation

horizontale | Emanzipation

vertikale

len, der personalen und der transpersonalen Daseinsdimension einen durchaus angemessenen Platz ein – ihren Ebenen, ihrer Entwicklung, ihrem sozialen Tauschcharakter, ihren möglichen verdrängenden (psychischen) und unterdrückenden (sozialen) Entstellungen, ihren Erkenntnis- und Interesseweisen, ihrer strukturellen Organisation, ihren Funktionsbeziehungen. Und dank der zwei emanzipato-rischen Interessen, die sich überall erheben, wo strukturelle Unfreiheit und Intransparenz auftreten, ist sie eine wahrhaft *kritische* und *normative* soziologische Theorie. Diese kritische (was ging schief) und normative (was sollte richtig gehen) Dimension gründet, vor allem in ihrer vertikalen Form, nicht *auf* ideologischer Bevorzugung, dogmatischer Neigung oder theoretischer Vermutung, sondern *in* der beobachtbaren, verifizierbaren, inhärent bevorzugten Richtung struktureller Entwicklung, und diese Richtung enthüllt sich in schrittweisen hierarchischen Emanzipationen, die *selbst* Urteile über ihre minder transzendentalen Vorstufen abgeben.

9
Methodologie,
Zusammenfassung und Schlußfolgerung

Ich möchte diese Skizze zusammenfassen und abschließen, indem ich ein Beispiel gebe für die vorgeschlagene Methodologie bei der soziologischen Untersuchung einer religiösen Gruppe, wobei die psychotherapeutische Beratung, um die womöglich gebeten wird, besonders betont werden soll (nicht daß eine solche Therapie notwendig wäre, aber die Frage scheint im Hinblick auf »religiöse Gruppen« immer wieder aufzukommen, und daher werde ich die Gelegenheit ergreifen, mich allgemein dazu zu äußern.) Dies ist lediglich ein spezialisiertes Beispiel für die soziologische Gesamtmethodologie, die dem von uns in diesem ganzen Buch dargestellten Modell implizit ist.

A. Strukturanalyse (Bestimmung der Authentizität)

1. Wenn Soziologen mit einer offenbar religiösen Äußerung zu tun haben, können sie zusätzlich zu anderen (unten beschriebenen) methodologischen Vorgehensweisen stets eine *Struktur*analyse an der *Form* der Äußerung, der Symbolik, des psychosozialen Austauschs usw. vornehmen. Das Ziel einer solchen klassischen Strukturanalyse ist es, durch ein zunehmendes Subtrahieren/Abstrahieren der Oberflächenstrukturen zu den Tiefenstrukturen vorzustoßen, die

den Operationen (d. h. Translationen) der Oberflächenstrukturen selbst zugrunde liegen und diese steuern.[5, 70, 101] Diese Analyse zielt praktisch darauf, alle Oberflächenstrukturen der ihnen angemessenen Tiefenstruktur zuzuordnen, indem sie zeigt, daß jene den Transkriptionsregeln der bestimmten Tiefenstruktur gehorchen (oder daß sie durch die Transkription in die Tiefenstruktur aufgelöst werden können.)

Solche Strukturanalysen könnten die Tests einschließen, die z. B. von Kohlberg, Loevinger, Brougthton, Sullivan, Grant und Grant, Isaacs, Peck, Bull, Selman und Graves entwickelt wurden. Daß diese unterschiedlichen Formulierungen alle *ungefähr* korrelativ sind, ist von Loevinger[57] demonstriert worden; jedenfalls reichen sie vollkommen aus, um uns eine erste Annäherung an den Grad allgemeiner struktureller Organisation zu geben, den die von der Gruppe vertretenen zentralen Glaubenssysteme erreicht haben. Wir sind nicht so sehr am Stand *einzelner* Mitglieder interessiert, obwohl der sicherlich ermittelt werden kann (und für jedes Mitglied, das eigens um Beratung nachsucht, sicherlich ermittelt werden sollte). Wir möchten vielmehr die zentralen Glaubenssysteme, über die die Gruppe *sich selbst definiert*, strukturell analysieren. Ein Weg zur Bestimmung dessen besteht darin, den Sachverhalt strukturell zu analysieren, der *die Mitgliedschaft in der Gruppe definiert*, d. h.: Welche Interaktion, Interaktionsserie oder Glaubensstrukturen müssen von jemandem verinnerlicht werden, um sozial als ein Mitglied dieser Gruppe *anerkannt* zu werden? Was muß »in« jemandem sein, bevor der Betreffende offiziell »in« der Gruppe ist? Welcher Ebene gehört die »Nahrung« an, die die Initianden verdauen müssen, um mit von der »Familie« zu sein? Denn die zentrale oder fundamentale Ebene struktureller Organisation, durch welche die Gruppe ihre Selbstidentität definiert und um die sich die

Gruppe als Gruppe zwangsläufig dreht, ist durch eben *diesen* Sachverhalt, die Verkörperung *dieses* Manas, gekennzeichnet. Wenn es Initiations-/Glaubensebenen gibt, dann wird die Analyse auf jeder Ebene angewandt. (Was strukturalistische Tests für die höheren authentischen Ebenen betrifft, siehe unten Abschnitt A, 3.)

2. Ist einmal eine annähernde Bestimmung der Tiefenstruktur der Zentralebene erfolgt, läßt sich ihr relativer Standort in der entwicklungsgeschichtlichen Strukturierungshierarchie ausmachen. Ist z. B. dieses »religiöse Engagement« archaisch, magisch, mythisch, rational, übersinnlich, feinstofflich, ursächlich? (Oder z. B. nach Loevinger: symbiotisch, impulsiv, selbstschützend, konformistisch, gewissensempfindend, individualistisch, autonom, integriert usw.?)

Diese Bestimmung – oder etwas ihr Entsprechendes – ist besonders wichtig für Beratungszwecke, weil es, wie die psychoanalytische Ich-Psychologie klar gezeigt hat, im psychotherapeutischen Dienst (und in der Sozialarbeit) sehr von Vorteil ist, den Strukturierungsgrad zu kennen, der von dem betreffenden Selbstsystem erreicht wurde.[17] Gibt es archaische Verschmelzungselemente (Indissoziation von Selbst und Gruppe, archaisch-uroborisches »Einssein«, oral-kannibalistische Tendenzen)? Liegt eine »Borderline«-Struktur vor (magisch-psychotische, animistische, totemistisch-konfuse, wahnhafte Referenzsysteme)? Gibt es eine extreme mythisch-zusammengehörige Konformität (mit tödlicher Angst vor Individualität, Preisgabe von Selbstwillen und Entschlossenheit, Sehnsucht nach Zugehörigkeit und kultischem Zusammenhang, passive Abhängigkeit von Autoritätsfiguren)? Gibt es eine rationale Struktur, aber mit möglichen komplizierenden Randproblemen (lediglich und mehr oder weniger gesunde kontralegale Tendenzen oder tatsächliche neurotische Spaltung, Symptomatologie und

Identitätskrise)? Gibt es eine echte übersinnliche, feinstoffliche oder ursächliche Struktur, aber mit sich daraus ergebender Entfremdung vom maßgeblichen mythischen oder rationalen Konsensus (Zähflüssigkeit der Kommunikation, soziale Isolation, mögliche Depression)?

Ich kann die Wichtigkeit einer solchen Strukturdiagnose nicht nachdrücklich genug betonen; ohne sie kann jedes therapeutische Eingreifen verheerend sein.[102] Als einfaches Beispiel nehme man nur die Differenzen zwischen prärationaler und transrationaler Betätigung. Ein prärationales »Borderline«-Individuum, das um jeden Preis eine rationale Struktur und Ich-Stärke aufbauen muß, sollte nicht in die anstrengenderen transrationalen meditativ-yogischen Disziplinen eingeführt werden, weil diese darauf abzielen, die rationale Struktur zeitweise zu *lockern*, und daher das bißchen Struktur, das die »Borderline« übriggelassen hat, einfach niederreißen. Desgleichen sollten solche Klienten meiner Meinung nach keinen »Erfahrungstherapien« ausgesetzt werden, weil sie bereits zu sehr in der Erfahrung und nicht genug mit dem Verstand leben.[17] Umgekehrt wird jemand, der eine echte Transformation in übersinnlich-feinstoffliche Sphären anfängt oder durchläuft, keine Hilfe bei einem orthodoxen Psychiater finden, der dazu neigt, in jeder transrationalen Entwicklung eine prärationale Regression zu sehen, und der durch seine Beihilfe dazu, wieder eine ausschließlich rationale Struktur in dieser Person zu befestigen, ihr spirituelles Bewußtsein totgeboren auf die Welt bringt. Eine solche Person sollte an einen qualifizierten spirituellen Meister, einen jungianischen Therapeuten, einen transpersonalen Psychologen oder einen anderen authentisch ausgerichteten Helfer verwiesen werden.

Kurz, das Ziel der Strukturanalyse ist es, die *Art* und folglich den *Grad* der entwicklungsgeschichtlichen Strukturierung und Organisation zu bestimmen sowie korrelativ dazu den Authentizitätsgrad der Situation, falls diese Anspruch auf Religiosität erhebt.

3. Freilich wird die obige Analyse letztlich von einer verfeinerteren entwicklungsstrukturellen Hierarchie abhängen, als wir sie hier dargeboten haben. Die Verfeinerung und Ausgestaltung dieser Hierarchie wird durch die fortgesetzte Erforschung von psychologischer Kognition, Identität, Wahrnehmung, Moralbildung, natürlicher Epistemologie usw. der verschiedenen strukturellen Entwicklungsstufen geleistet werden. Diese Verfeinerung findet in der unterbewußten und der selbstbewußten Strukturierungssphäre bereits – seit einiger Zeit – statt, und zwar unter den Namen psychoanalytische Entwicklungspsychologie, kognitive Psychologie, genetische Epistemologie, Entwicklungspsychologie des Ich usw. Wenn sich Interesse und Forschung mehr und mehr auf die überbewußten Sphären ausdehnen, werden wir natürlich (wie ich vermute) zu Zeugen einer Verfeinerung und Ausgestaltung der entwicklungsstrukturellen Hierarchien im Hinblick auf höhere und kontemplative Ebenen. Die Anfangsphasen dieser Forschung werden allem Anschein nach wahrscheinlich zwei Stufen durchlaufen:

a. *Hermeneutische Lektüre authentischer Texte*: Um Zweck und Strategie der Forschung festzusetzen, ist es erforderlich, eine Art Arbeitshypothese zu haben, und eine der besten Quellen solcher Arbeitshilfen scheinen die experimentellen Skizzen überbewußter Stufen zu sein, wie sie von den traditionellen Texten dargeboten werden. Eine sorgfältige und systematische hermeneutische Lektüre der verschiedenen (esoterischen) religiösen Texte wird uns mit einem Fundus an Arbeitshypothesen und Arbeitsskizzen ausstatten, um die herum wir die wirkliche Forschung aufbauen, und an denen wir den anfänglichen Fortschritt messen können. *The Atman Project* ist ein grundsätzlicher, aber sehr allgemeiner Versuch in dieser Richtung, der sich auf *kulturübergreifende Parallelen* stützt, um einige grundlegende Tiefenstrukturen der höheren Stufen-Ebenen vorzuschlagen (die zentaurische, die niedrig-feinstoffliche, die hoch-feinstoffliche, die niedrig-ursächliche, die hoch-ursächliche und die allerhabene, die ich in diesem Buch zur übersinnlichen, feinstofflichen, ursächlichen und allerhabenen zusammengezogen habe). Daniel Brown[20] hat eine hermeneutische Lektüre einer bestimmten Stufenauffassung höherer meditativer Zustände vorgelegt, der der Mahamudra, was genau die Art von detaillierter Hermeneutik ist, die wir für jede esoterische Tradition brauchen, um unsere kulturübergreifenden Parallelen und Schlußfolgerungen präziser ziehen zu können. Die Arbeiten von Pascal Kaplan[55], Daniel Goleman[35], Huston Smith[86], Frithjof Schuon[81] und René Guénon[37] sind wichtige Wegweiser bei diesem Unterfangen.

b. *Direkte Untersuchung*: Um unsere verfeinerten theoretischen Skizzen zu erproben, brauchen wir eine tatsächliche Datensammlung von solchen Bevölkerungsgruppen, die genuin in überbewußter Entwicklung und Adaption begriffen sind. Die Behandlung dieses Themas allein würde schon mindestens den Umfang eines Buches annehmen, und anstatt auch nur den Versuch zu machen, alle diesbezüglichen Punkte (und Probleme) aufzuführen, werde ich nur sagen, daß wir bei Hinzuziehung hermeneutischer Arbeitsskizzen in der Lage sind, Vorschläge zur Charakterisierung der höheren Strukturen-Stufen zu machen, adäquate Testes zur Registrierung und Messung des Entstehens und des Grades dieser Merkmale auszuarbeiten und schließlich die Resultate klassischen Strukturanalysen à la Piaget, Kohlberg, Loevinger und anderen zu unterziehen. Diese werden bei jeder Gelegenheit unter kulturvergleichenden Bedingungen wiederholt werden (Japan, Indien, Burma usw. haben sehr große kontemplative Bevölkerungssektoren wie jetzt auch die Vereinigten Staaten). Ein Anfang mit der Arbeit auf diesem Gebiet wird gerade von Maliszewski, Twemlow, Brown, Engler, Gabbard, Jones und anderen gemacht.[21, 58, 92]

Nach meinem Gefühl ist dieses Feld besonders reif für Soziologen, da fast die ganze bisherige Forschung die intersubjektiven Strukturen des gegenseitigen Austauschs übersehen hat, die die höheren wie auch die niedrigeren Ebenen struktureller Adaption konstituieren. Psychologen mit einem ausschließlichen Interesse an Wahrnehmungsveränderungen, kognitiven Verschiebungen, Affektumdeutung, Triebkontrolle und dergleichen Vermittlungen neigen dazu, die psychosoziale Natur ihrer künstlich isolierten Daten zu übersehen, genau wie Psychoanalytiker dazu neigten, die Tatsache zu übersehen, daß die Analyse von Produktionen »auf der Couch« nichts darüber aussagen kann, ob die Gesellschaft als ganze vielleicht krank ist, und daß Adaption an eine kranke Gesellschaft ein schlechtes Kriterium »geistiger Gesundheit« ist. Genau wie die Analyse sozialer Strukturen im ganzen nicht auf der Couch vorgenommen werden kann, so kann die Identifikation der für die kontemplativen Sphären konstitutiven fundamentalen psychosozialen Beziehungen nicht auf der Zazen-Matte vorgenommen werden. Die transpersonale Psychologie wird sich schließlich in der transpersonalen Soziologie selbst finden müssen.

Was die direkte Untersuchung der überbewußten Sphären im Gegensatz zur indirekten psychologischen oder soziologischen Datenanhäufung betrifft, siehe unter Abschnitt E.

B. Funktionsanalyse (Bestimmung der Legitimität)

1. Ist der Authentizitätsgrad der religiösen Äußerung erst einmal durch eine Strukturanalyse bestimmt, kann der Legitimitätsgrad durch klassische funktionalistische Verfahren (Systemtheorie) bestimmt werden. Dabei geht es einfach darum, zu bestimmen, wie sehr die betreffende religiöse Betätigung zur Stabilität und Integration *in* der Gruppe selbst (inhaltliche Legitimität) und *zwischen* der Gruppe und ihrem breiteren gesellschaftlichen Umfeld (kontextuelle Legitimität) beiträgt. Hierbei spielen sämtliche klassischen funktionalen Analysen und mehr oder weniger empirisch-analytischen Bestimmungen mit herein – Spannungsbewältigung, Aufrechterhaltung der Grundstrukturen (*pattern, maintenance*), Grenzsetzungen, Inhalts- und Kontextanalysen, latente und manifeste Funktionen usw.[62], [69] –, aber mit einem verfeinerten Verständnis, was die hierarchischen Ebenen struktureller Interaktion anbelangt. Wenn z. B. die bestimmte Gruppe (durch vorhergehende Strukturanalyse) als prälegal ausgemacht wird, dann ist damit eine Grenze hinsichtlich der Legalität gezogen, die nicht bloß zwischen zwei Systemen besteht, sondern zwischen zwei verschiedenen Systemebenen – eine Tatsache, die der Funktionalismus (in Ermangelung einer normativen Hierarchie) selbst nicht herausfinden kann. Wir müssen den Entwicklungsstrukturalismus heranziehen, um diese Grenzbedingung zu stellen, denn ansonsten werden die Funktionsanalysen ineinander übergleiten (und dann einfach zusammenfallen).

Was die Legitimität/Illegitimität betrifft, seien hier einige offenbar gemeinsame Inhalts- und Kontextstrukturen genannt. Häufig stellt man fest, daß prälegale Sektoren (oder Individuen) inhaltlich *und* kontextuell illegitim sind, was bedeutet, daß ihre jeweilige Symbolik und ihr gegenseitiger

Austausch wenig oder gar kein inneres Mana (Integration) hergeben und wenig oder jedenfalls nicht viel gesellschaftliche Koexistenz (in welchem Falle sie sich immer am Rande antilegaler Tätigkeit befinden). Allerdings ist es nicht ungewöhnlich, inhaltlich und kontextuell legitime prälegale Sektoren (z. B. die stereotypen Zigeuner, obwohl sie sich in Amerika angeblich immer am Rande kontextueller Illegitimität, d. h. der Antilegalität, bewegen) oder »zeitweise« prälegale Sektoren zu finden (d. h. Menschen, die »bei Nacht« gutartige, aber prälegale rituelle Feiern, z. B. Hexensabbate). Vielleicht am üblichsten jedoch sind prälegale Gruppen, die, mögen sie inhaltlich auch noch so legitim sein, kontextuell illegitim sind (d. h. antilegal; z. B. die »Hell's Angels«).

Am anderen Ende des Spektrums ist es nicht ungewöhnlich, eine *authentische* religiöse Äußerung zu finden, die kontextuelle Legitimationsschwierigkeiten hat, *weil* sie translegal ist. Solche Translegalen neigen daher dazu, zur Aufrechterhaltung der funktionalen Grundstrukturen und Spannungsbewältigung Mikrogemeinschaften Gleichgesinnter (Sanghas) zu bilden, was nichts anderes heißt, als daß, da jede Ebene struktureller Adaption auch eine Ebene gegenseitigen Austauschs *ist*, Gemeinschaften von Austauschpartnern unvermeidlich sind und ein Maß an Legitimation *innerhalb* dieser Gemeinschaft gesucht wird (inhaltliche Legitimation). Aber wir wollen auch die Grenzphänomene *zwischen* translegalen Gruppen und der legalen Gesellschaft im ganzen beachten (kontextuelle Legitimation) und, wie einzelne Individuen mit den strukturellen Spannungen fertig werden (sie integrieren), die daraus entstehen, in beiden Sektoren zu leben.

2. Alles in allem scheinen demnach die Gesamtstrukturen sozialer Wechselseitigkeit zum Teil bestimmt zu sein durch (a) den Authentizitätsgrad und (b) den Legitimitätsgrad,

was sich (c) in jeder Grenzsituation und (d) ihr gegenüber zeigt. Der *innere Gehalt* einer bestimmten Gruppe ergibt sich also aus der folgenden Menge: (prälegal, kontralegal, legal, antilegal, translegal) X (legitim, illegitim). Ebenso gibt es *zwischen* jeder Gruppe und ihrem umfassenderen gesellschaftlichen Umfeld (Kontext) dieselben zehn Möglichkeiten (obwohl eine von ihnen antilegale kontextuelle Legitimität – praktisch eine Unmöglichkeit ist). Als Gesamtresultat erhalten wir zwanzig (oder neunzehn) verschiedene mögliche Zellen, in die jeder psychosoziale Austausch im allgemeinen und jede religiöse Äußerung im besonderen fällt.

Ich möchte keinesfalls unterstellen, daß diese Analyse vollständig oder auch nur zureichend sei, und ganz gewiß möchte ich andere Typologien nicht ausschließen. Mir geht es nur darum, daß wir durch die Beigabe einer grundlegenden strukturell-hierarchischen Analyse zu den klassischen funktionalen eine vertikale (Authentizitäts-)Skala zusätzlich zur horizontalen (Legitimitäts-)Skala erhalten, und eben diese Kombination verschafft uns vier Kompaßpunkte, anhand deren wir unsere soziologischen Untersuchungen navigieren können.

C. Das hermeneutische Moment

1. Bilden Struktur- und Funktionsanalyse auch das methodologische Rückgrat dieses Ansatzes, so sind mit ihnen die notwendigen Ansätze doch keineswegs erschöpft. Die Tiefenstrukturanalyse *kann nicht* die spezifischen Oberflächenstrukturinhalte und -werte bestimmen, genau wie einem die Regeln des Schachspiels nicht verraten können, wie ein bestimmter Spieler tatsächlich ziehen wird. Ebensowenig ist hier ein allgemeiner Funktionalismus von Nutzen, weil er

Wälder sieht und keine Bäume. Für ein spezifisches Verständnis spezifischer individueller Werte, Bedeutungen und Äußerungen greifen wir also immer auf die phänomenologische Hermeneutik zurück. Bei dieser Aufgabe helfen uns unsere früheren Struktur- und Funktionsanalysen, denn sie ergeben jeweils die passende narrative Folie (d. h. die Entwicklungshierarchie) und den passenden narrativen Kontext (d. h. das Verhältnis des individuellen Textes zur Gesellschaft im ganzen). Aber in letzter Analyse stehen wir einem lebendigen Menschen gegenüber, der uns liest, während wir ihn lesen, und diese Koproduktion ist ein menschliches (Mit-)Teilen, in dem beide Seiten entsprechend reicher oder ärmer werden.

Was diese allgemeine phänomenologische Hermeneutik betrifft, besitzen wir die wichtigen Werke etwa von Gadamer, Schütz, Berger und Luckmann, Garfinkle, Taylor, Ricoeur.

2. Zum Zweck einer spezifischen therapeutischen Hilfeleistung beinhaltet das hermeneutische Verfahren eine bewußte *Interpretation* der vom Klienten für problematisch erachteten Symptome, mit dem letztendlichen Ziel, die möglichen Fehlschläge in der Entwicklung zu rekonstruieren, die den anhaltenden Strukturierungsschwung zersplitterten oder brachen. Wenn es zu dieser Brechung kommt, werden Bewußtseinsaspekte abgespalten und dadurch in ihrer Bedeutung verunklart. Sie sind »verborgene Texte«, entfremdete Facetten des Selbst, dissoziierte *Symbole*, die als *Symptome* auftreten. Durch die *Interpretation* der Symbole-Symptome – der verborgenen Texte und Subtexte – hilft der Therapeut dem Klienten dabei, sich diese Facetten des Selbst wieder anzueignen, indem er sich neu als ihr *Autor* erkennt und sie dadurch wieder autorisiert, d. h. bewußt die Verantwortung für ihre Existenz übernimmt.[105]

Genau hier ist eine allgemeine Erkenntnis der Entwicklung als anhaltende hierarchische Strukturierung so wesentlich, weil das historisch-hermeneutische Verfahren ein Bohren nicht bloß in vergangene Entwicklungen auf der gegenwärtigen Ebene ist, sondern in frühere und *weniger strukturierte* Ebenen, deren Sinn ohne eine Kenntnis früherer *Transformationen* sehr schwer zu *transferieren* ist. Der Therapeut könnte beispielsweise herausfinden, daß es in einer bestimmten rationalen, linguistischen, bewußten Mitteilung oder Mitteilungsserie des Klienten einen verborgenen Sinn, einen Subtext gibt. Nun könnte dieser unklare Subtext durchaus selbst eine ziemlich rationale Mitteilung sein, aber eine, die der Klient nicht anerkennen möchte (im Moment tabuisiert); die Therapie beinhaltet hier nicht viel mehr, als daß der Therapeut einen *Kontext* für die Anerkennung des rationalen Subtextes herstellt. Gelegentlich jedoch ist die verborgene Botschaft, die unklare Mitteilung, der Subtext in *mythischer* Syntax geschrieben, die ihrerseits im Innersten *magische* Wunscherfüllung sein könnte (der wiederum archaische *instinkthafte* oder emotional-sexuelle Interessen als formender Subtext zugrunde liegen könnten).[35, 101, 105]

In solchen Fällen wurde offenbar irgendwann im Verlauf einer frühen Entwicklung ein magischer (und/oder emotionaler) Subtext tabuisiert und abwehrend vom anhaltenden Gang der Strukturierung abgespalten (verdrängt, dissoziiert). Da Strukturen immer Strukturen gegenseitigen Austauschs sind, verlangt dies auch seine *Privatisierung*, der doch ansonsten eine Einheit im intersubjektiven Austausch bilden könnte. Das heißt, die Entfremdung von einem selbst *ist* eine Entfremdung von anderen. Abgeschnitten vom persönlichen Verständnis und gleichermaßen entrückt jeder Möglichkeit konsensueller Interpretation, wird er zu einem aus der Erzählung der anhaltenden Entwicklung isolierten illegitimen Subtext. Derart dem unmittelbaren Erzählen entfremdet, isoliert und privatisiert, tendiert er dazu, irgendwelche anderen in der Folge exlegalisierten Elemente an sich zu ziehen. Indem er so Schicht für Schicht *Fehltranslationen* ansammelt (verzerrten gegenseitigen Austausch), drängt er sich schließlich als ein befremdliches Symptom ins Bewußtsein. Und befremdlich ist er, weil er als ein doppelt geheimer, einem selbst und anderen verborgener Text keinen Referenten zu einer Interpretation besitzt; er bleibt in unklare Symbole und undurchsichtige Antriebe gefüllt. Man frage den Klienten, warum er solche Symptome hervorbringt oder was sie bedeuten, und er wird entgegnen: »Ich habe keine Ahnung; deshalb bin ich ja hier. Warum geschieht das? Warum hört es nicht auf?« Die bloße Tatsache, daß der Klient das Symptom für gewöhnlich als »es« anstatt als »ich« bezeichnet (z. B. »*Ich* bewege meine Hand, aber das Symptom, *es* geschieht gegen meinen Willen«), spiegelt genau den dissoziierten, entfremdeten und unbekannten Zustand wider, in den der nunmehr verborgene Trieb oder Subtext bzw. die Schattenbotschaft gefallen ist. Ja, wenn Freud das Ziel der Therapie mit den Worten zusammenfaßte: »Wo Es war, soll Ich werden«, dann muß er in erster Linie an diesen entscheidenden Punkt gedacht haben.

Ein Teil des therapeutischen Verfahrens ist es daher, diese Kenntnis der strukturellen Entwicklung (von archaisch zu magisch zu mythisch zu rational) als eine narrative Folie zu benutzen, vor der der verborgene Sinn der verschiedenen Subtexte interpretiert werden kann, bis dieser Sinn dem Klienten wieder durchschaubar geworden (und damit nicht mehr verdrängt) ist. An dieser Stelle läßt das Symptom im allgemeinen nach, weil sein symbolischer Inhalt aus seiner privatisierten Entfremdung entlassen wurde, um wieder in die Gemeinschaft des gegenseitigen Austauschs einzugehen, seine bioenergetische Komponente (sofern es eine besitzt) wird zur körperlichen Teilnahme am emotional-sexuellen Verkehr freigesetzt, und seine Botschaft in ihrer Gesamtbedeutung ist wieder in die anhaltende narrative Entfaltung des Individuums eingegangen. In diesem Gesamtverfahren liefert uns der Entwicklungsstrukturalismus die äußere narrative Folie, und die Hermeneutik liefert uns die verschiedenen interpersonalen Bedeutungen der mannigfachen Subtexte in ihrer Entfaltung vor (und aufgrund) der narrativen Folie selbst.

3. Wie schon erwähnt, hat die Hermeneutik die Aufgabe, erste Arbeitsskizzen der höheren Sphären vorzuschlagen (durch Textanalysen der esoterischen Traditionen der Welt). Ich möchte hier lediglich einen Vorbehalt äußern: Forscher wie Brown haben wohl die Ansicht vertreten, daß eine hermeneutische Lektüre esoterischer Texte hierarchische Stufen kontemplativer Entwicklung aufdeckt. Es ist jedoch wichtig, daran zu denken, daß der Hierarchie- oder Stufengedanke selbst *keine* hermeneutische Entdeckung ist. Die Stufen werden durch die Entwicklungslogik – die narrative Folie – in der tatsächlichen Praxis und Evolution enthüllt. Diese fortwährend überall *entstehenden* Sachverhalte überraschen die Erzählung; wenn jedoch die Gesamtergebnisse einfach in einen Text hineingetragen werden, kann es täuschenderweise den Anschein haben, als wären sie von dem Text geschaffen und daher allein durch die Hermeneutik aufzudecken, was nicht ganz der Fall ist, wie ich im Kapitel 1, C darzulegen versucht habe.

D. Emanzipatorische Bewegungen

Ohne ausführlich darauf einzugehen, werde ich es als selbstverständlich annehmen, daß eine Gesamttherapie eine kritische Selbstreflexion auf frühere Translationen und mögliche Fehltranslationen (verborgene Texte) verlangt. Ich glaube, dies gilt für Individuen genauso wie für Gesellschaften als ganze (obwohl die Spezifika offensichtlich andere sind). Solch eine Reflexion wird getrieben vom *horizontal-emanzipatorischen Interesse* – einem Verlangen, frühere Fehltranslationen (verborgene Subtexte, Verdrängungen, Unterdrückungen, Dissoziationen) »aufzuklären«. Diese Entstellungen, die sich insgeheim in die Hierarchie des vielschichtigen Individuums eingenistet haben, erzeugen strukturelle Spannungen und Irritationen, die das emanzipatorische Interesse antreiben. Wenn man solche Fixierungen/Regressionen reintegriert, wieder zu ihrem Eigner und Autor wird, dann werden die zuvor auf einer niedrigeren Strukturierungsebene gefangenen Aspekte des individuellen Bewußtseins (oder Menschengruppen) befreit bzw. fähig zur Aufwärtstransformation, wodurch sie ihre symptomatischen Beschwerden aufgeben und sich wieder dem durchschnittlichen höheren Strukturierungsmodus anschließen, der jetzt für das zentrale Selbst (oder die Gesellschaft im ganzen) charakteristisch ist. Solch ein transformativer Vorstoß wird getrieben vom *vertikal-emanzipatorischen Interesse*, das der Entwicklung selbst innewohnt.

E. Die Methodologie direkter gnostischer Verifikation

Zuletzt besteht noch das methodologische Problem der *direkten* (im Gegensatz zur textbezogenen) Untersuchung der höheren (überbewußten) Ebenen selbst, und hier ziehen wir unsere letzten zwei wesentlichen Untersuchungsweisen heran: Gnosis/Inana für das direkte Erfassen dieser Ebenen und mandalische Logik, um sie, wie paradox auch immer, in linguistischen Symbolen mitzuteilen. Denn spirituelle Erkenntnis ist selbst *nicht* symbolisch; sie verlangt die direkte, unvermittelte, transsymbolische Intuition des Geistes und

Identität mit ihm.[7, 22, 88] Wie ich andernorts[99] darzulegen bestrebt war, ist diese spirituelle Erkenntnis *wie alle anderen Formen gültigen kognitiven Wissens* experimentell, wiederholbar und öffentlich verifizierbar, weil es wie alle anderen gültigen Erkenntnisformen aus drei Strängen besteht:

1. *Vorschrift.* Immer in der Form: »Wenn du dies wissen willst, *tu* das.«

2. *Auffassung.* Eine objektive Auffassung-Erleuchtung des von der Vorschrift angegebenen »Gegenstandsbereichs«.

3. *Gemeinschaftliche Bestätigung.* Eine Überprüfung der Ergebnisse mit anderen, die den Vorschrifts- und den Erleuchtungsstrang adäquat bewältigt haben.

Ich möchte ein Beispiel für alle drei Stränge in den empirisch-analytischen Naturwissenschaften geben. Wenn man wissen will, ob eine Zelle wirklich einen Kern enthält, muß man (1) lernen, ein Mikroskop zu bedienen, Gewebeschnitte vorzunehmen, Zellen zu färben, usw. (Vorschriften), (2) hinschauen und erkennen (Auffassung) und (3) seine Auffassungen mit denen anderer vergleichen, vor allem denen eines qualifizierten Lehrers, wenn man eben anfängt, oder denen einer Gemeinschaft von gleichgesinnten wissenschaftlichen Adepten, wenn man professionell eine Laufbahn verfolgt (gemeinschaftliche Bestätigung).

Schlechte Vorschriftstheorien (Nr. 1) prallen an nicht dazu passenden Auffassungen ab (Nr. 2) und werden in der Folge von der Gemeinschaft der Forschenden abgelehnt (Nr. 3); es ist diese potentielle Abfuhr, die Poppers Prinzip der Nichtverifizierbarkeit ausmacht.

Desgleichen mit authentischer spiritueller Erkenntnis. Schauen wir uns die drei Stränge z. B. beim Zen an. Es hat einen Vorschriftsstrang, der Jahre spezialisierten Übens und kritischer Disziplin verlangt: die Meditationspraxis oder Zazen, die das vorgeschriebene Mittel zu möglicher kognitiver Enthüllung ist. Es überrascht daher nicht, daß sie einem immer in der Form aufgegeben wird: »Wenn du wissen willst, ob es die Buddha-Natur gibt, mußt du zuerst dies tun.« Das ist eine zu *Experiment* und *Erfahrung* hinleitende Vorschrift.

Nachdem er diesen Strang gemeistert hat, wird der Forschende für den zweiten Strang aufgeschlossen, den der Auffassung-Erleuchtung, in diesem Falle des Satori. Satori ist eine »direkte Einsicht in das eigene Wesen« – so vollkommen direkt wie der Blick ins Mikroskop, um den Zellkern zu sehen, mit dem wichtigen Vorbehalt in beiden Fällen: Nur ein geschultes Auge braucht überhaupt hineinzuschauen.

Der dritte Strang ist eine gewissenhafte Bestätigung sowohl durch einen Zen-Meister als auch durch die Gemeinschaft der Mitmeditierenden. Dies ist kein bloß automatischer Schlag auf die Schulter und keine Gesellschaft, in der eine Hand die andere wäscht; es ist eine wirkungsvolle *Probe* und bedeutet eine potentielle harte Abfuhr und *Nichtverifikation* jeder in Strang Nummer 2 gewonnenen Auffassung. Sowohl in privater, intensiver Interaktion mit dem Zen-Meister (Dokusan) als auch in aufreibender öffentlicher Teilnahme an strengen Authentizitätstests (Shosan) werden *alle* Auffassungen der Gemeinschaft derjenigen vorgeführt, deren kognitive Augen zur Schau des Transzendenten fähig sind, und solche Auffassungen werden radikal nichtverifiziert, wenn sie nicht mit den Tatsachen der Transzendenz übereinstimmen, wie sie von der Gemeinschaft derer, die gleichen Geistes sind, enthüllt wurden (und dies schließt frühere Auffassungen ein, die einst nach dem Standard ihrer Zeit für wahr erklärt worden waren, jetzt aber niedriger bewertet oder durch eine höhere Erfahrung für einseitig befunden werden).[99]

Mit der Gnosis also, mit verifizierbarer Gnosis ist unser methodologisches Repertoire komplett. Und mit der Gnosis beende ich auch meinen informellen Abriß einer transpersonalen Soziologie. Denn der letzte Beitrag, den die transpersonale Psychologie zur Soziologie leisten kann, ist der: Wenn du etwas über die wirklich transzendenten Sphären selbst wissen willst, dann fang eine kontemplativ-meditative Übung an (Vorschrift) und finde es selbst heraus (Erleuchtung), woraufhin sich dir die allumfassende Gemeinschaft der Transzendenz darstellt, so daß du schließlich im Feuer derer, die gleichen Geistes sind, getestet wirst (Bestätigung). An diesem Punkt hört Gott auf, ein bloßes Symbol in deinem Bewußtsein zu sein und wird zur krönenden Ebene deiner eigenen vielschichtigen Individualität und strukturellen Adaption, die Gesellschaft aller möglichen Gesellschaften, die du jetzt als dein eigenes wahres Selbst erkennst. Und wenn Gott so als die Gesellschaft aller möglichen Gesellschaften gesehen wird, dann erhält die Beschäftigung mit der Soziologie einen neuen und unerwarteten Sinn, und wir stellen fest, daß wir alle eingesenkt sind in einen gesellschaftlich faßbaren Gott, gestaltet und gestaltend, befreit und befreiend – einen Gott, der als Anderer Teilnahme verlangt und als Selbst Identität.

Quellen

Das Folgende ist keinesfalls eine vollständige oder auch nur repräsentative Bibliographie. Es ist lediglich eine Auflistung der direkt im Text erwähnten oder zitierten Werke. Ich habe noch eine kurze Liste mit Lektüreempfehlungen in Sachen transpersonaler Psychologie für diejenigen mit aufgenommen, die mit ihren wesentlichen Aussagen nicht vertraut sind.

1. Anonymus: *A Course in miracles*. 3 Bände. Foundation for Inner Peace, New York 1977.
2. D. Anthony: »A phenomenologica-structuralist approach to the scientific study of religion.« Kap. 8 von D. Anthony u.a. (Hrsg.): *On religion and social science*. University of California, in Vorb.
3. D. Anthony und T. Robbins: »From symbolic realism to structuralism.« *Journ. Sc. Study Rel.*, Jg. 14, Nr. 4, 1975.
4. D. Anthony und T. Robbins: »A typology of nontraditional religions in modern America.« Aufsatz, A.A.A.S., 1977.
5. S. Arieti: *The intra-psychic self*. Basic Books, New York 1967.

6. R. Assagioli: *Psychosynthesis*. Viking, New York 1965. (Deutsch: *Handbuch der Psychosynthesis*. Aurum, Freiburg 1978.)

7. Sri Aurobindo: *The life divine*, und *The synthesis of yoga*. Vol. 18–21. Dentenary Library, Pondicherry o.J. (Deutsch: *Das Göttliche Leben*. 3 Bände. Hinder + Deelmann, Gladenbach 1974–1975; *Die Synthese des Yoga*. Hinder + Deelmann, Gladenbach 1976.)

8. J. Baldwin: *Thought and things*. Arno, New York 1975.

9. G. Bateson: *Steps to an ecology of mind*. Ballantine, New York 1972. (Deutsch: *Ökologie des Geistes*. Suhrkamp, Frankfurt/M. 1980.)

10. E. Becker: *The denial of death*. Free Press, New York 1973. (Deutsch: *Dynamik des Todes*. Goldmann, München 1981.)

11. –: *Escape from evil*. Free Press, New York 1975.

12. D. Bell: *The end of ideology*. Free Press, New York 1960.

13. R. Bellah: *Beyond belief*. Harper, New York 1970.

14. –: *The broken covenant*. Seabury, New York 1975.

15. N. Berdiajew: *Von der Bestimmung des Menschen*. Gotthelf, Bern-Leipzig 1935.

16. P. Berger und T. Luckmann: *The social construction of reality*. Doubleday, New York 1972. (Deutsch: *Die gesellschaftliche Konstruktion der Wirklichkeit*. Fischer Tb., Frankfurt/M. [4]1986.)

17. G. und R. Blanck: *Ego psychology: theory and practice*. Columbia Univ. Press, New York 1974. (Deutsch: *Angewandte Ich-Psychologie*. Klett-Cotta, Stuttgart [3]1985.)

18. J. Broughton: »The development of natural epistemology in adolescence and early childhood.« Doktordissertation, Harvard 1975.

19. N. Brown: *Life against death*. Wesleyan, Middletown 1959. (Deutsch: *Zukunft im Zeichen des Eros*. Neske, Pfullingen 1962.)
20. D. Brown: »A model for the levels of concentrative meditation.« *Int. J. Blin. Exp. Hypnosis*, Jg. 25, 1977.
21. D. Brown und J. Engler: »A Rorschach study of the stages of mindfulness meditation.« *J. Transp. Ps.*, 1980.
22. Bubba (Da) Free John: *The paradox of instruction*. Dawn Horse, San Francisco 1977.
23. J. Campbell: *The masks of god*. Band 1: *Primitive mythology*. Viking, New York 1959.
24. N. Chomsky: *Problems of kowledge and freedom*. Barrie and Jenkins, London 1972. (Deutsch: *Über Erkenntnis und Freiheit*. Suhrkamp Tb., Frankfurt/M. 1973.)
25. G. Clark und S. Piggot: *Prehistoric Societies*. Knopf, New York 1965.
26. E. Deutsch: *Advaita vedanta*. East-West Center Press, Honolulu 1969.
27. M. Eliade: *Schamanismus und archaische Ekstasetechnik*. Suhrkamp TW, Frankfurt/M. 1975.
28. W. Fairbairn: *An object-relations theory of the personality*. Basic Books, New York 1954.
29. O. Fenichel: *The psychoanalytic theory of neurosis*. Norton, New York 1945. (Deutsch: *Psychoanalytische Neurosenlehre*. 3 Bände. Ullstein, Frankfurt/M.-Berlin-Wien 1983.)
30. R. Fenn: »Towards a new sociology of religion.« *J. Sc. Study Rel.*, Jg. 11, Nr. 1, 1972.
31. S. Freud: *Die Zukunft einer Illusion* (zus. mit *Massenpsychologie und Ich-Analyse*). Fischer Tb., Frankfurt/M. [18]1986.

32. H. Gadamer: *Philosophical Hermeneutics*. Univ. Cal. Press, Berkeley 1976. (Auswahl aus *Kleine Schriften* I, II und III. Mohr, Tübingen 1967, 1972.)

33. H. Garfinkel: *Studies in ethnomethodology*. Prentice-Hall, Englewood Cliffs 1967.

34. C. Geertz: *The interpretation of cultures*. Basic Books, New York 1973.

35. D. Goleman: *The varieties of the meditative experience*. Dutton, New York 1977.

36. R. Greenson: *The technique and practice of psychoanalysis*. Int. Univ. Press, New York 1976. (Deutsch: *Technik und Praxis der Psychoanalyse*. Bd. 1. Klett-Cotta, Stuttgart [3]1981.)

37. R. Guénon: *Man and his becoming according to the vedanta (L'homme et son devenir selon le vedanta)*. Luzac, London 1945.

38. J. Habermas: *Erkenntnis und Interesse*. Suhrkamp TW, Frankfurt/M. 1975.

39. –: *Legitimationsprobleme im Spätkapitalismus*. Edition Suhrkamp, Frankfurt/M. 1973.

40. –: *Theorie und Praxis. Sozialphilosophische Studien*. Suhrkamp TW, Frankfurt/M. 1978.

41. –: *Zur Rekonstruktion des Historischen Materialismus*. Suhrkamp TW, Frankfurt/M. 1976.

42. H. Hartmann: *Ich-Psychologie und Anpassungsproblem*. Klett-Cotta, Stuttgart [3]1975.

43. C. Hartshorne: *The logic of perfection*. Open Court, La Salle 1973.

44. –: *Whitehead's philosophy*. Univ. Nebr. Press, New York 1958.

45. G. F. W. Hegel: *Phämomenologie des Geistes. Werkausgabe*. Bd. 3 Suhrkamp , Frankfurt/M. 1976.

46. –: *Wissenschaft der Logik. Werkausgabe*. Bd. 5 und 6. Suhrkamp , Frankfurt/M. 1976, 1969.

47. M. Horkheimer: *Kritische Theorie*. S. Fischer, Frankfurt/M. ³1977.
48. R. Hume (engl. übers.): *The 13 principal upanishads*. Oxford Univ. Press, London 1974.
49. D. Ihde: *Hermeneutic phenomenology: The philosophy of Paul Ricoeur*. Northwestern Univ. Press, Evanston 1971.
50. E. Jacobson: *The self and the object world*. Int. Univ. Press, New York 1964. (Deutsch: *Das Selbst und die Welt der Objekte*. Suhrkamp TW, Frankfurt/M. 1978.)
51. W. James: *Varieties of religious experience*. Collier, New York 1961. (Deutsch: *Die Vielfalt religiöser Erfahrung* Walter, Olten-Freiburg 1979.)
52. H. Jonas: *The gnostic religion*. Beacon, Boston 1963.
53. C. G. Jung: *The basic writins of –. Hrsg. DeLaszlo. Modern Library, New York 1959.*
54. L. Kohlberg und C. Gilligan: »The adolescent as philosopher.« In S. Harrison und J. McDermott (Hrsg.): *New directions in childhood psychopathology*. Int. Univ. Press, New York 1980.
55. P. Kaplan: »An excursion into the ›undiscovered country‹.« In C. Garfield (Hrsg.): *Rediscovery of the Body*. Dell, New York 1977.
56. C. Lasch: *The culture of narcissism*. Norton, New York 1979. (Deutsch: *Das Zeitalter des Narzißmus*. Bertelsmann, München 1982.)
57. J. Loevinger: *Ego development*. Jossey-Bass, San Francisco 1976.
58. M. Maliszewski u. a.: »A phenomenological typology of intensive meditation.« *ReVision*, Jg. 4, Nr. 2, 1981.
59. P. Marin: »The new narcissism.« *Harpers*, Oktober 1975.
60. K. Marx: *Selected writings*. Hrsg. T. Bottomore. Watts, London 1956.

61. A. Maslow: *The farther reaches of human nature*. Vikina, New York 1971.

62. R. Merton: *Social theory and social structure*. Free Press, Glencoe 1957.

63. R. Mishra: *Yoga sutras*. Anchor, Garden City – New York 1973. (Entsprechende deutsche Übersetzung der Yoga-Sutras Patanjalis von Bettina Bäumer: *Die Wurzeln des Yoga*. Barth-Scherz, Bern-München-Wien 1976.)

64. J. Needham: *Science and civilization in China*. Bd. 2: *History of scientific thought*. Cambridge Univ. Press, London 1956.

65. J. Needleman: *Lost Christianity*. Doubleday, New York 1980.

66. E. Neumann: *Ursprungsgeschichte des Bewußtseins*. Fischer Tb., Frankfurt/M. ⁴1984.

67. J. Ogilvy: *Many dimensional man*. Oxford Univ. Press, Evanston 1969.

68. R. Palmer: *Hermeneutics*. Northwestern Univ. press, Evanston 1969.

69. T. Parsons: *The social system*. Free Press, Clencoe 191.

70. J. Piaget: *The essential –*. Hrsg. H. Gruber und J. Voneche. Basic Books, New York 1977.

71. M. Polanyi: *Personal knowledge*. Univ. of Chic. Press, Chicago 1958.

72. P. Radin: *The world of primitive man*. Grove, New York 1960. (Deutsch: Gott und Mensch in der primitiven Welt. Rhein, Zürich 1953.)

73. O. Rank: *Seelenglaube und Psychologie*. F. Deuticke, Wien 1930.

74. –: *Beyond psychology*. Dover New York 1958.

75. D. Rapaport: *Organization and pathology of thought*. Columbia Univ. Press, New York 1951.

76. D. Rapport und M. Gill: »The points of views and assumptions of metapsychology.« *Int. J. Psychoanal.*, Jg. 49, 1959.

77. T. Robbins und D. Anthona: »New religious movements and the social system.« *Ann. Rev. Soc. Sc. Rel.* 2, 1978.

78. –: *In gods we trust*. Transaction Books, San Francisco 1981.

79. P. Ricoeur: *Freud and philosophy*. Yale, New Haven 1970.

80. G. Róheim: *Magic and schizophrenia*. Int. Univ. Press, New York 1955.

81. F. Schuon: *Logic and transcendence (Logique et transcendance)*. Harper, New York 1975.

82. A. Schütz: *Der sinnhafte Aufbau der sozialen Welt*. Suhrkamp TW, Frankfurt/M. 1974.

83. A. Schütz und T. Luckmann: *Strukturen der Lebenswelt* 2 Bände. Suhrkamp TW, Frankfurt/M. 1979, 1983.

84. R. Selman: »The relation of role-taking to the development of moral judgement in children.« *Child Development* 42, 1971.

85. S. K. Singh: *Surat shad yoga*. Images Press, Berkeley 1975.

86. H. Smith: *Forgotten truth*. Harper, New York 1976.

87. H. Sullivan: *The interpersonal theory of psychiatry*. Norton, New York 19543. (Deutsch: *Die interpersonale Theorie der Psychiatrie*. Fischer Tb., Ffankfurt/M. 1983.

88. D. T. Suzuki: *Studies in the Lankavatara sutra*. Routledge and Kegan Paul, London 1968.

89. I. Teimni: *The science of yoga*. Quest, Wheaton 1975. (Deutsch: *Die Wissenschaft des Yoga*. Hirthammer, München 1981.)

90. J. Takakusu: *The essentials of Buddhist philosophy.* Univ. of Hawaii, Honolulu 1956.

91. P. Teilhard de Chardin: *Die Zukunft des Menschen. Werke* Bd. 5 Walter, Olten-Freiburg ³1982.

92. S. Twemlow u. a.: »The out-of-body experience.« Eingereicht beim *Am. J. Psych.*

93. M. Washburn: »The bimodal and tri-phasic structures of human experience.« *ReVision*, Jg. 3, Nr. 2, 1980.

94. A. Watts: *Beyond theology.* Meridian, Cleveland 1975.

95. H. Werner: *Einführung in die Entwicklungspsychologie.* J. A. Barth, München ⁴1959.

96. –: »The concept of development from a comparative and organismic point of view.« In Harris (Hrsg.: *The concept of development.* Univ. of Minnesota, Minneapolis 1957.

97. A. Whitehead: *Process and reality.* Free Press, New York 1969. (Deutsch: *Prozeß und Realität.* Suhrkamp TW, Frankfurt/M. 1983.)

98. L. L. Whyte: *The next development in man.* Mentor, New York 1950. (Deutsch: *Die nächste Stufe der Menschheit.* Pan, Zürich 1946.)

99. K. Wilber: »Eye to eye.« *ReVision*, Jg. 2, Nr. 1, 1979. (Deutsch: in 130.)

100. –: »Physics, mysticism, and the new holographic paradigm.« *ReVision*, Jg. 2, 1979. (Deutsch: in K. Wilber [Hrsg.]: *Das holographische Weltbild.* Scherz, Bern-München-Wien 1986.)

101. –: *The Atman project.* Quest, Wheaton 1980.

102. –: »The pre/trans fallacy.« *ReVision*, Jg. 3, Nr. 2, 1980.

103, –: »Ontogenetic development – two fundamental patterns.« *Journal of Transpersonal Psycholoy,* Jg. 13, Nr. 1, 1981.

104. –: »Reflections on the new age paradigm.« *ReVision*, Jg. 4, Nr. 1, 1981.
105. –: *Up from Eden:* Anchor/Doubleday, New York 1981. (Deutsch: *Halbzeit der Evolution*. Scherz, Bern-Münzchen-Wien. 1984.)
106. –: »Legitimaca, authenticity, and authority in the new religions.« Privat zirkulierendes Ms.
107. A. Wilden: »Libido as language.« *Psychology Today*, Mai 1972.
108. G. Zilboorg: »Fear of death « *Psychoanal. Quart.*, Jg. 12, 1943.

Empfohlene Lektüre:
Eine Einführrung in die transpersonale Psychologie

109. R. Assagioli: *Psychosynthesis*. Viking, New York 1965. (Deutsch: Handbuch der Psychosynthesis. Aurum, Freiburg 1978.
110. H. Benoit: *Die hohe Lehre*. Der Zen-Buddhismus als Grundlage psychologischer Betrachtungen. (La doctrine suprême). Barth, München-Planegg 1958
111. J. Campbell: *The masks of god*. 4 Bände. Vikin, New York 1959–1968.
112. J. Fadiman und R. Frager: *Personality and personal growth*. Harper, New York 1976.
113. D. Goleman: *The varieties of the meditative experience*. Dutton, New York 1977.
114. L. Govinda: *Grundlagen tibetischer Mystik*. Barth-Scherz, Bern-München-Wien. [5]1982.
115. E. und A. Green: *Beyon biofeedback*. Delacorte, New York 1977. (Deutsch: *Biofeedback. Eine neue Möglichkeit zu heilen*. Bauer, Freiburg 1978.)

116. S. Grof: *Realms of the human unconscious.* Viking, New York 1975. (Deutsch: *Topographie des Unbewußten.* Klett-Cotta, Stuttgart 1978.)

117. L. Hixon: *Coming home.* Anchor, New York 1978.

118. A. Huxley: *The perennial philosophy.* Harper, New York 1944. (Deutsch: *Die ewige Philosophie.* Steinberg, Zürich 1949.)

119. W. James: *Varieties of religious experience.* Collier, New York 1961. (Deutsch: *Die Vielfalt religiöser Erfahrung.* Walter, Olten-Freiburg 1979.)

120. C. G. Jung: *Erinnerungen, Träume, Gedanken.* Hrsg. A. Jaffé. Walter, Olten-Freiburg 1971.

121. J. Kornfield: *Living Buddhist masters.* Unity, Santa Cruz 1977.

122. L. LeShan: *Alternate realities.* Ballantine, New York 1977.

123. A. Maslow: *The farther reaches of human nature.* Viking, New York 1977.

124. J. Needleman: *Los Christianity.* Doubleday, New York 1980.

125. E. Neumann: *Ursprungsgeschichte des Bewußtseins.* Fischer Tb., Frankfurt/M. ⁴1984.

126. T. Roberts (Hrsg.): *Four psychologies applied to education.* Schenkmann, Cambridge 1974.

127. E. F. Schumacher: *A quide for the perplexed.* Harper, New York 1977. (Deutsch: *Rat für die Ratlosen.* Rowohlt, Reinbek 1979.)

128. H. Smith: *Forgotten truth.* Harper, New York 1976.

129. C. Tart: *States of consciousness.* Dutton, New York 1975.

130. R. Walsh und F. Vaugan (Hrsg.): *Beyond ego.* Tarcher, Los Angeles 1980. (Deutsch: *Psychologie in der Wende.* Scherz, Bern-München-Wien 1985.)

131. J. White: *The highest state of consciousness*. Double-day, New York 1973.

132. K. Wilber: *The Atman project*. Quest, Wheaton 1980.

133. –: *Up from Eden*. Anchor/Doubleday New York 1981.
(Deutsch: *Halbzeit der Evolution*. Scherz, Bern-München-Wien 1984.)

134. R. Woods (Hrsg.): *Understanding mysticism*. Image, New York 1981.

Das neue Wissen